Stefanie Glaschke

Das Liebeswissen der weisen Frauen

Stefanie Glaschke

Das Liebeswissen der weisen Frauen

HARMONIE · ENTFALTUNG · PARTNERSCHAFT

Lüchow

Hinweis: Die Informationen in diesem Buch sind sorgfältig und nach bestem Wissen recherchiert. Eine Garantie kann von Autor und Verlag dennoch nicht übernommen werden; eine Haftung für Personen-, Sach- und Vermögensschäden ist ausgeschlossen. In medizinischen Fragen ist der Rat Ihres Arztes oder Heilpraktikers maßgebend.

© 2010 Lüchow in der J. Kamphausen Verlag &
Distribution GmbH, Bielefeld
Satz: de·te·pe, Aalen
Umschlaggestaltung: ad department, Bielefeld
Umschlagfoto: Björn Gaus, Bielefeld
Druck & Verarbeitung: Westermann Druck, Zwickau

www.weltinnenraum.de

1. Auflage 2010

Bibliografische Information der Deutschen Nationalbibliothek
Die Deutsche Nationalbibliothek verzeichnet diese Publikation in der
Deutschen Nationalbibliografie; detaillierte bibliografische Daten sind
im Internet über http://dnd.d-nb.de abrufbar.

ISBN 978-3-89901-336-8

Dieses Buch wurde auf 100 % Altpapier gedruckt und ist alterungsbeständig.
Weitere Informationen hierzu finden Sie unter www.weltinnenraum.de

INHALT

Dieses Buch ist für alle geschrieben, die den Mut haben,
die Magie der Liebe zu ergründen.
Ganz besonders bedanken möchte ich mich bei allen, die mir
persönlich ihre Liebe gezeigt haben und zeigen.
Ein ganz liebevoller Dank geht an Michael Ruhnau, der mich bei
der Arbeit an diesem Buch mit seiner Liebe zu mir unterstützt hat.
So sei es!

VORWORT

Liebesbeziehung und weise, wie passt das zusammen? Ist denn die Liebe nicht irrational und führt uns oft an der Nase herum? Sagte Shakespeare nicht in »Wie es euch gefällt« so treffend: »Entsinnst du dich der kleinsten Torheit nicht, in welche dich die Liebe je gestürzt, so hast du nie geliebt.«

Wer will schon »weise« lieben? Wir wollen tief lieben, heftig und innig, wir lieben oftmals ganz und gar ohne Verstand. Wenn wir verliebt sind, sind wir ohnehin nicht mehr wir selbst. Was kann Weisheit uns in einer Liebesbeziehung geben? Weisheit hat etwas zu tun mit dem Wissen um die Grundgesetze einer Angelegenheit. Und auch die Liebe hat grundsätzliche Bedingungen. Jedes Liebespaar wird zustimmen, wenn ich als Grundbedingungen gegenseitigen Respekt, Wertschätzung, Aufmerksamkeit und Hingabe nenne. In unserer Welt der Individualisten, in der das Ego ständig gepflegt wird, in dieser Welt der Wegwerfbeziehungen und der Partnersuche per Katalog ist es aber nicht leicht, Hingabe, Wertschätzung und Aufmerksamkeit miteinander zu leben und zu pflegen. Heute, wo jeder, der glaubt, sexuell anziehend zu sein, sich auf eine Partnerschaft einlassen will, bedarf es reiflicher Überlegungen, was denn Partnerschaft, Liebesbeziehung und Zweisamkeit eigentlich bedeuten können. Vorausgesetzt, ein Liebespaar findet sich, dann braucht es einiger weiser Anregungen, damit aus der anfänglichen Verliebtheit eine echte, liebevolle Verbindung erwachsen kann.

In meinem Buch »Das Seelenwissen der weisen Frauen« habe ich bereits beschrieben, wie der einzelne Mensch für sich genommen seelisch gesund leben kann. Für eine glückliche Zweisamkeit ist eine seelische Grundgesundheit wichtig, damit nicht der Blinde den Lahmen tragen muss. Auch wenn eine Liebesbeziehung durchaus Chancen bietet, sich gegenseitig bei der Heilung alter Wunden und Verletzungen zu unterstützen, soll doch in erster Linie ein gemeinsames Wachstum ermöglicht werden. Liebende sind wie Pflanzen, die sich gegenseitig nicht im Licht stehen dürfen, soll die Liebe Bestand haben. Gemeinsames Handeln und ein gemeinsamer Weg sind viel wichtiger als ein Fairplay hinsichtlich des Geldes, des Haushalts und der Freiräume. Die weiße Magie bietet eine Vielzahl solcher Gemeinsamkeiten an, bei denen jeder als Individuum berücksichtigt wird und dennoch ein gemeinsames Drittes entstehen kann. Liebe ist Magie und Magie ist Liebe – bringen wir wieder zusammen, was zusammengehört. Zur Einstimmung auf dieses Buch führst du vielleicht mit deinem Partner oder deiner Partnerin das folgende Ritual durch, das euch die Stabilität Eurer Beziehung aufzeigen kann.

RITUAL ZUR FREIWILLIGEN VERBINDUNG IN LIEBE

Wählt für dieses Ritual einen besonderen Tag bei zunehmendem Mond oder noch besser einen Neumondabend. Vielleicht nehmt ihr einen Jahrestag oder ein Datum, das euch beiden viel bedeutet. Ihr braucht für dieses Ritual Pergamentpapier, ein Stück weiße Kordel, Kreide, eine Feder mit Tinte und eine rote und eine dunkelblaue Kerze. Außerdem benötigt ihr eine weiße Kerze als Schutzkerze, einen Kelch mit Wasser, getrocknete Rosenblätter sowie eine Räucherschale mit Räucherkohle. Duscht oder badet, bevor ihr beginnt, und wählt einen Ort und einen Zeitpunkt aus, die Sicherheit vor Störungen bieten.

Nun reinigt die Utensilien, einschließlich der Kerzen, unter fließendem Wasser oder indem ihr sie mit Salz abreibt. Bereitet das Ritual vor, indem ihr das Pergament in zwei Hälften teilt und jeder mit der Feder seinen eigenen Namen auf eine Hälfte schreibt. Stellt euch vis-à-vis mit etwa einem Schritt Abstand einander gegenüber und reicht euch die Hände. Spürt bewusst in eure Hände und in die des Partners hinein und visualisiert, dass Kraft, Wärme und Licht durch eure Hände und eure Körper fließen.

Entzündet die weiße Kerze mit dem Satz: »Lichtwesen und Glücksgeister des Himmels und der Erde, Ihr seid willkommen, damit unsere Liebe stetig größer, klarer und heller werde.«

Nun nimmt einer von euch die Kreide und beginnt, um sich herum die Hälfte einer liegenden Acht zu zeichnen, übergibt die Kreide an den Partner, der um sich selbst herum die zweite Hälfte zeichnet. Ihr steht nun jeder in einer Schlaufe der liegenden Acht, dem Zeichen für Unendlichkeit, das auch Lemniskate genannt wird. Sprecht gemeinsam den folgenden Zauberspruch:

»Wasser, Luft, Erde und Feuer –
unsere Liebe ist mir wert und teuer –
nie will ich weichen noch wanken –
meine Liebe zu dir kennt keine Schranken.
Und sollte einst entfernen sich das Glück –
hole ich es mit Liebe, Licht und Kraft zurück.«

Die Frau entzündet die blaue Kerze und spricht:

»So sei es! So sei es! So sei es!«

Der Mann entzündet nun die rote Kerze und spricht:

»So sei es! So sei es! So sei es!«

Nun streut gemeinsam Rosenblätter auf die Räucherkohle und trinkt nacheinander einen Schluck Wasser aus dem Kelch. Reicht euch noch einmal die Hände und bedankt euch bei den Schutzgeistern wie folgt:

»Lichtwesen und Glücksgeister des Himmels und der Erde, bleibt nun bei uns. Wir danken euch für euren Beistand, dass unsere Liebe stetig größer, klarer und heller wird.« Tretet aus der liegenden Acht heraus, dann rollt jeder für sich das Pergamentstück ein, auf dem der Name des Partners steht. Streut auch Rosenblätter hinein, die mit eingerollt werden. Bindet gemeinsam die Röllchen so zusammen, dass die Kordel ebenfalls die Lemniskate, die liegende Acht, darstellt. Hängt dieses Gebilde in der Nähe eurer Eingangstür auf. Löscht die Kerzen mit einem Kerzenlöscher. Die Kerzen werden nun regelmäßig mindestens einmal in der Woche wieder angezündet, bis sie ganz heruntergebrannt sind.

Dieses Einstimmungsritual ist eine gute Vorbereitung auf die folgenden Kapitel. Es lohnt sich, dieses Buch zu zweit zu lesen, denn ein Partner allein kann mit all seiner Weisheit keine Liebesbeziehung halten, außer der Liebesbeziehung zu sich selbst. An dieser Stelle sei gesagt, dass auch die Liebe zu sich selbst eine wichtige Eigenschaft und Voraussetzung für eine glückliche Liebe ist. Seid ihr aber zu zweit, werden die Kräfte von beiden gebraucht, um eine gemeinsame glückliche Liebe zu erfahren. Ich wünsche euch viel Freude an diesem Buch und ein gutes Gelingen für eure Liebe.

Stefanie Glaschke

1

BEZIEHUNGEN FRÜHER –
ROLLEN HEUTE

Wir gehen ganz richtig davon aus, dass das Leben in Liebesbeziehungen schon immer eine große Rolle für den Menschen gespielt hat. Allein der Sexualtrieb ist ausreichend Grund dafür, dass sich die Geschlechter miteinander befassen. In Zeiten, in denen Kinder und Familie sogar einen wirtschaftlichen Wert hatten, konnte man durch das Gründen einer Familie die Arbeitsleistung erhöhen. Kinder gingen in früheren Zeiten nicht zur Schule, sondern zur Arbeit; Frauen und Männer bewegten sich nicht im Fitnessstudio oder beim Shopping, sondern um ihren Lebensunterhalt zu verdienen.

Die biologische Beschaffenheit des menschlichen Wesens und seine hormonelle Steuerung machen Beziehungen möglich und erstrebenswert, selbst wenn rationale Überlegungen dabei keine Rolle spielten. Aber die Ideen haben sich im Laufe der Jahre gewandelt. So war in vielen Kulturen die Bi- und Polygamie erlaubt, Bisexualität stärker verbreitet als heute und die eheliche Treue entwickelte sich erst relativ spät. Frauen und Männer sahen in der Bindung einerseits gesellschaftliche Vorteile, sie wurden durch die Beziehungen gestärkt. Gleichzeitig wurde die Institution Ehe genutzt, um die soziale Stellung, insbesondere der Frau, zu heben. Zwar galt die Ehe in der sexualfeindlichen Zeit des frühen Mittelalters nicht unbedingt als erstrebenswert, vor allem nicht für Männer – wenn aber schon eine Beziehung zwischen den Geschlechtern nötig war, dann doch bitte schön mit dem Segen der Kirche und in geregelten Bahnen. So haben schon sehr früh Gelehrte über die Ehe und die Sexualität geschrieben, um dem unerfahrenen Volk Anleitungen zur Gestaltung des Liebeslebens zu geben. Im 12. Jahrhundert beispielsweise spricht Andreas Capellanus in seinem Werk »De amore« (Über die Liebe) dem einfachen Volk den rechten Umgang mit der Liebe ab. Er schreibt laut einer Übersetzung von Johann Hartlieb aus dem 15. Jahrhundert:

»Von der pawern und agkerleüt und mynn: Wir sprechen, das das selten geschehen mag, das die pawern sich üben in der rechten lieb und mynn, sunder sy werden naturlich als de rosz und esel zu dem lust irs fleischlichen begerens geraitzt.« Der Verfasser spricht also der landwirtschaftlich arbeitenden Bevölkerung ab, dass sie zu einer Liebeskultur fähig sei, eher stellt er sie auf die Stufe der reinen Natur, der Triebbefriedigung von Ross und Esel.

In der Zeit der Minne und später dann in der Romantik begannen Gefühle im Bewusstsein der Bevölkerung eine Rolle zu spielen. Es ging plötzlich nicht mehr nur um Fortpflanzung nach den Vorschriften der Moraltheologie oder um eine Verbesserung der Arbeitsleistung, sondern um ganz persönliche Gefühle, die speziell für einen ganz individuellen anderen Menschen empfunden wurden. Liebe war mit einem Mal ein wesentlicher Aspekt und bereicherte das Leben. Dieses Gefühl wurde schlechthin Luxus, wenn der Geliebte oder die Geliebte doch nicht zur konkreten Umsetzung einer Liebesbeziehung bereit war oder sich nicht eignete. Ein sehr bekanntes Beispiel ist Goethes Werther, der sich verzehren musste, weil er seine Lotte nicht bekam. Der Lebenserhalt konnte gefährdet werden, wenn Liebe im Spiel war. Liebe war existenzbedrohend.

Minne und Romantik waren aus diesen Gründen hauptsächlich den oberen Schichten vorbehalten, das einfache Volk konnte sich nicht leisten, auf Gefühle zu setzen. Hier regelte die Kirche weiterhin einen reibungslosen Ablauf der Partnerschaften. Die beiden Partner hatten Kinder zu zeugen und zu erziehen; eheliche Untreue stand in fast allen geschichtlichen Epochen unter Strafe.

Selbst für Martin Luther war die Rolle der Frau im 16. Jahrhundert noch die einer »Gebärmaschine«: »Ob sie sich aber auch müde und zuletzt tot tragen, das schadet nicht, laß nur tot tragen, sie sind darum da.« Ob Frauen überhaupt Menschen seien, erörterte noch

1591 eine Gruppe Gelehrter in Wittenberg ernsthaft. Glücklicherweise kamen die Gelehrten zu der Überzeugung, dass es sich bei Frauen durchaus um Menschen handele.

Wir können uns also bei unseren Bemühungen um gleichberechtigte Liebesbeziehungen nicht auf die Gesellschaften der Vergangenheit berufen. Frauen spielten oft die untergeordnete Rolle, das ergab sich schon aus der biologischen Notwendigkeit des Gebärens. Da Verhütungsmittel zwar allgemein bekannt, aber gleichzeitig verboten waren, durften Frauen das körperliche Hindernis einer Schwangerschaft nicht selbst planen. Im Mittelalter brachte die Kirche Kinderlosigkeit mit dem Teufel in Verbindung; für praktizierte Verhütung konnte eine Frau auf dem Scheiterhaufen landen.

Welche Schlüsse sollen wir modernen Menschen nun also aus der Vergangenheit ziehen, um unsere Sehnsucht nach einer Liebesbeziehung zu stillen? Bei meiner Recherche für dieses Buch ist mir eines ganz sicher bewusst geworden: Die emotionalen Beziehungen, Liebe und Leidenschaft, gefühlsmäßige Bindungen waren immer dann möglich, wenn die Partner sich nicht rund um die Uhr dem bloßen Existenzkampf zu stellen hatten. Offensichtlich muss man sich Romantik leisten können und Liebe braucht einen entsprechenden Rahmen, um zu gedeihen. Das würde aber bedeuten, dass gerade jetzt die Gesellschaft nur aus glücklichen Paaren und verliebten Menschen bestehen dürfte. Zwar ist auch heute nicht jeder wohlhabend, doch im Vergleich zur Vergangenheit geht es uns ausgesprochen gut. Unsere Arbeitszeiten sind kürzer geworden, wir haben soziale Sicherungssysteme, die dem Einzelnen einen Grundbedarf zugestehen, von dessen Umfang ein schwer arbeitender Bauer im Mittelalter nicht einmal zu träumen wagte. Doch besser geht es uns in der Suche nach Erfüllung nicht. Wir leben besser, länger, gesünder und dennoch oft einsamer, verzweifelter, süchtiger und schlechter, was die seelische Ebene angeht. Wir haben heute die Zeit, die früher fehlte, aber wir investieren sie selten in Beziehungen, sondern in die billige Unterhaltung durch amerikanische Fernsehsehformate. Wir haben das Geld, das früher nicht vorhanden war, doch wir investieren eher in Konsumartikel als in die Pflege unserer Beziehungen. Heute kann jeder Angebote finden zur Beziehungspflege, Kommunikation, Sexualität und so weiter. Doch der Run auf die Kursangebote bleibt aus, Wartelisten gibt es höchstens im EDV-Bereich.

Nur wenn ein Mensch Single ist, wird er rührig. Dann fahndet er nach dem passenden Partner, im Internet, im Freizeitclub, am Arbeitsplatz, einfach überall. Wir suchen auch in der Neuzeit nach der Lösung für das Problem der Liebe, eine Lösung, die die Menschheit offensichtlich bisher noch nicht gefunden hat.

Wir sollten weiter zurückgehen, bis zu den Anfängen der menschlichen Kultur, die uns teilweise durch Mythen und Sagen überliefert sind. Ein Blick in die Mythologie lohnt immer, da sie ja gleichzeitig die Vorstellungen und die Wünsche eines Kulturkreises darstellt. Betrachten wir die Mythen der weisen Vorfahren, werden wir feststellen, dass sich zumindest eines nicht geändert hat, nämlich der Wunsch nach einer harmonischen Beziehung zu einem anderen Menschen. Gehen wir also weiter zurück als im normalen Geschichtsunterricht und betrachten wir die archetypischen, also seelenbeherrschenden Bilder unserer Vorfahren. Wir werden erstaunliche Erkenntnisse gewinnen. So beschreiben beispielsweise zahlreiche keltische Mythen immer wieder Liebesgeschichten, in denen ein junges, fruchtbares Paar sich findet, obwohl ein meist älterer Widersacher das verhindern will. Göttliche Paare wurden bei den Kelten als Symbol für Harmonie, Schutz, Wohlstand und Gesundheit gefeiert. Es gab auch viele Geschichten, die sich darum rankten, dass ein weltlicher König sich mit der Göttin der Fruchtbarkeit vereinigen sollte. Die Göttin trat häufig in Gestalt einer hässlichen alten Hexe auf, etwa die Baba Yaga im slawischen Raum. Konnte sich der König dazu überwinden, erhielt er als Belohnung diese Göttin in ihrer jugendlichen Schönheit zur Gemahlin, und Vater wurde er zudem noch.

Stürzen wir uns in das Abenteuer Liebe, befriedigen wir doch einfach diese Sehnsucht. Wir sollten aufhören, ein Gefühl in starre Rollen und Normen zu pressen, hier liegt für mich ein wichtiger Schlüssel. Bei anderen Gefühlen wie Angst, Scham, Wut, Freude oder Trauer sagt uns auch keiner, wie sie aussehen sollen. Niemand versucht eine Wutzeit in seinen Tagesablauf zu integrieren oder einen Raum für Freude in seinem Haus einzurichten. Es gibt nirgendwo so viel künstliches Theater wie in der Liebe. Liebe ist in uns wie jedes andere Gefühl auch. Wenn ich meinen Mann im Garten oder auf der Autobahn lieben will, kommt mir das komisch vor. Bin ich aber im Einkaufszentrum oder beim Einparken wütend, ist das normal. Liebe wird eingeschränkt, bei vielen auf den Körperausdruck in einem Bett, wenn der Tag vorüber ist. Und dann wundert man sich, dass nach ein paar Wochen wenig Lebendigkeit übrig bleibt.

Die Pflanze »Liebe« wird heiß ersehnt, aber wenn wir sie haben, stecken wir sie in eine kleine schwarze Kiste, weil sie im Leben keinen Platz hat. Der Verliebte, der im Pausenraum am Telefon mit seiner Frau flirtet, wird verlacht. Die Frau, die sich den ganzen Tag darauf vorbereitet, dass ihr Mann und sie einen schönen Feierabend genießen können, gilt als unemanzipiert. Ein Mann, der seinen Sportwagen gegen eine Familienkutsche eintauscht, wird bedauert und die Frau, die auf ihre Karriere verzichtet, weil sie ein liebevolles Heim für Mann und Kinder schaffen will, als dumm beschimpft. Unsere Rollenvorstellungen sind schon lange nicht mehr auf Gefühle und Seele ausgerichtet, sondern nur noch auf Egotrip und Selbsterhalt. Das Mitgefühl, das ja in der Liebe den größten

Reiz ausmacht, ist dem »Eurogefühl« gewichen. Haushaltsgemein-schaft, WG mit Sexanteil, das sind die modernen Rollenklischees der Gesellschaft. Und wenn die Rolle des autonomen »Lonesome Riders« oder der alleinstehenden Wellnessliebhaberin durch Ge-fühle ins Wanken geraten, bekommen wir Angst und drängen weg, was uns so dringlich fehlt.

Magie kann helfen, diese Rollen aufzubrechen und unser Herz mutig werden zu lassen für die Liebe, für ein Gefühl, das nicht zu kontrollieren ist. Und ganz gleich, ob gestern oder heute, ganz gleich, welche Rollen die Gesellschaft für Männer oder Frauen vor-sieht, Liebe ist eine Aufgabe der Gegenwart, jeder Mensch muss sie lösen, ohne sich dabei an die Gesellschaft anlehnen zu können. Es sind aus alten Zeiten keine Spitzfindigkeiten in der Liebe über-liefert, keine Hinweise darauf, wie der Geschlechterkampf zu ge-winnen sei. Es gibt nur wenige Überlieferungen, die meisten aber sprechen von Liebe, und das in einer erfrischenden Selbstverständ-lichkeit. Auch war das Suchen eines Partners – zumindest der schriftlichen Überlieferung zufolge – kein großes Thema. Die Wei-sen verliebten sich und nahmen es als Geschenk an. Dahin zurück-zugehen, Liebe vor »Beziehung« zu setzen und sich selbst der Liebe, die im eigenen Herzen wohnt, gewahr zu werden und hinzugeben, ohne gleich eine Gegenleistung vom anderen zu erwarten, das scheint besser funktioniert zu haben als unser kindisches und ver-zweifeltes Rufen nach einem Menschen, der uns die Liebe gibt, die wir uns selbst nicht geben können. Ich bin überzeugt, dass ein Liebespaar keine nennenswerten Rollendiskussionen führen muss, denn das Wesentliche zwischen den beiden ist das Gefühl und nicht die Form.

Magische Übung für ein mutiges Herz

Diese magische Übung kannst du allein durchführen; auch für Menschen, die sich einen Partner wünschen, ist sie gut geeignet.

Du brauchst nichts außer einer Mischung aus getrockneter Engelwurz, Rosenblättern und Thymian. Außerdem brauchst du eine Räucherschale mit Räucherkohle. Zur Engelwurz passt übrigens ein Zitat von Goethe sehr gut.

»Müsset im Naturbetrachten immer eins wie alles achten.

Nichts ist drinnen, nichts ist draußen, denn was innen, das ist außen.

So ergreift, ohne Säumnis, heilig öffentlich Geheimnis.«

Damit spielt er darauf an, dass Engelwurz bekannt war als Pflanze, die Selbstvertrauen und Mut stärken sollte. Mit Engelwurz kannst du das Innere nach außen kehren, Schüchternheit und Selbstzweifel lassen sich damit überwinden. Dieses Kraut wurde schon immer für wirkungsvolle Liebeszauber empfohlen.

Du gibst nun die beiden Kräuter und dazu ein paar getrocknete Rosenblätter in einen kleinen Baumwollbeutel. Behalte aber ein wenig zurück, um es zu räuchern. Lege das Räucherwerk auf die Holzkohle. Halte das Kräuterbeutelchen in den Rauch und stell dir vor, wie dein Herzraum sich mit grünem Licht füllt und nach außen Liebe abstrahlen kann, weil er selbst randvoll ist. Drücke das Beutelchen nun an dein Herz und lasse das grüne Licht zu den Kräutern hineinströmen. Atme kräftig ein und aus und führe dir die Kraft deines Herzens deutlich vor Augen. Bleibe so lange in dieser Vorstellung, bis die Räucherkohle verglüht ist. Trage das Kräuterbeutelchen nun bei dir, um dich stets an die Kraft deines Herzens zu erinnern. Du kannst dieses Beutelchen auch als Geschenk für einen lieben Menschen oder den Partner herstellen, den du mit der Kraft deiner Liebe begleiten möchtest.

Über den geschichtlichen Wandel der Partnerschaften habe ich schon oben ein wenig gesagt. In diesem Kapitel geht es darum, dass die Geschichte letztlich für die Liebesbeziehung keine Rolle spielt. Zwar sind gesellschaftliche Zusammenhänge immer von Bedeutung, wenn es um die Rahmenbedingungen geht, in denen Liebe gelebt werden kann, doch was daraus gemacht wird, hängt immer und zu jeder Zeit vom einzelnen Paar ab. Wir müssen der Liebe den Augenblick gönnen, den sie wie jedes andere Gefühl auch braucht, um sich zu entfalten. Es ist nötig, die Liebe von der Vergangenheit und der Zukunft ein wenig zu lösen, um ihr eine Lebenschance in unserer Gegenwart zu bieten.

Vergleichen wir die Paare der unteren Schichten von der Antike bis in die Neuzeit. Die Ziele ihrer Beziehungen sind das Sichern des eigenen Lebens und meistens auch des Nachwuchses. Wenn wir die Geschichte der Ehe betrachten, können wir zusammenfassend eine Lockerung der Bestimmungen für die Ehe erkennen. Bis zur Anerkennung der eheähnlichen Gemeinschaft in der Neuzeit hat die Institution immer stärker an Bedeutung verloren. Hierfür kann es zwei Gründe geben. Einerseits ist die Kirche nicht mehr Hüterin über das Leben der Menschen. Durch die Aufklärung kam der Eigenverantwortung eine stärkere Bedeutung zu. Die Menschheit wurde insgesamt erwachsener, ein allgemeines Recht auf Bildung und die Entstehung der Demokratien haben sicher ihre Anteile daran. Der zweite Aspekt ist der steigende Wohlstand. In einer Zeit, in der Frauen nicht über ihre Männer abgesichert sind, sondern eine eigene Rentenversicherungsnummer haben, ist die Ehe nicht mehr als Altersvorsorge geeignet. Die Institution selbst scheint heute überflüssig, ginge es nur um eine Absicherung der wirtschaftlichen Verhältnisse. Aber auch hier können wir weiter zurückgehen. An anderer Stelle erwähne ich das Hochzeitszeremoniell der Wicca, das bis heute praktiziert wird und bei unseren weisen Vorfahren vor der Christianisierung weit verbreitet war. In dieser rituellen Handlung geht es um Ewigkeit, um die Unendlichkeit, in die die Verbindung zweier Liebender reichen soll.

Gehe in Gedanken auf der Lemniskate von einem Punkt zum nächsten. Schreite so in Gedanken die gesamte liegende Acht ab. Du gehst damit von Punkt zu Punkt, von Augenblick zu Augenblick und hast dadurch die Ewigkeit erreicht. Du gehst durch dunkle Stellen und durch sonnige Stellen auf der Lemniskate, niemand garantiert dir, dass immer alles eitel Sonnenschein sein wird. Doch du verlässt diese Bewegung nicht, gibst dich dem Schwung unaufhörlich hin. Das ist Liebe auf spiritueller Ebene, alles andere sind Handelsabkommen, Ratiogebilde, die nicht würdig sind, als Liebe bezeichnet zu werden. Liebe will alles und gibt alles, Liebe kann nur als Liebe erfahren werden, wenn sie grenzenlos ist.

Gerade diese Verschmelzung mit der Ewigkeit ist die Sehnsucht, die wir fühlen, wenn wir Liebe suchen. Wir wollen zurück zum Ursprung, der gleichzeitig unser Ziel ist. Wir wollen in der Liebe fühlen, mit allem und auch mit uns selbst verbunden zu sein. Und das wollen wir, wenn wir ehrlich sind, für ewig. Diese Liebe hat es immer gegeben und es gibt sie auch heute noch.

Die Paare in unserer Vorgeschichte haben sicher auch diese Verbundenheit gesucht; um sie möglichst tief erleben zu können, verteilten sie die Rollen so, dass ein Zusammensein harmonisch verlaufen konnte. Nehmen wir das Mittelalter und die Zeit der Zünfte. Als nur Männer Zunftmitglieder sein konnten, haben sie als Handarbeiter oder Handwerker genäht, gestrickt, gewebt, getöpfert. Viele Männer übten damals Tätigkeiten aus, die heute als Frauenarbeiten gelten. Diese Rollenaufteilung war notwendig, um in der politischen Situation der freien Städte den Lebensunterhalt zu verdienen. Wer heute sagt, dass die Frauen benachteiligt waren, betreibt Polemik. Es galt nämlich nicht, den Frauen das Arbeiten zu verbieten. Es galt viel eher, dafür zu sorgen, dass morgen Brot auf dem Tisch war, es gab in einer Zeit und Gesellschaft der bitteren Armut, Krankheiten und existenzieller Not wenig Zeit und Raum für Rollendebatten.

Das Wesentliche stand früher stärker im Vordergrund als heute, zu diesem Schluss bin ich inzwischen gekommen. Nur wenn das Wesentliche vorn steht, kann es auch erreicht werden. Es gibt den schönen Begriff der Fokussierung. Auch bei den Hexenregeln finden wir Hinweise darauf, wie wichtig die Orientierung auf das Ziel ist, beispielsweise in der Pflicht zur Meditation, die den Geist von Ablenkung leert, oder auch in der Regel »Lerne, dich zu konzentrieren«. In der Liebe gilt es, sich auf die Liebe zu konzentrieren, nicht auf das Image, den materiellen Wohlstand oder darauf, was die Eltern erwarten. Betrachten wir im nächsten Kapitel die Rollenklischees der modernen Zeit unter dem Blickwinkel »Konzentriere dich auf das Wesentliche«. Das Wesentliche darf nicht aus den Augen verloren werden, das wäre, als vergäßen junge Eltern, ihr Baby zu füttern, weil sie sich Gedanken um Ausbildungsversicherungen und die Kinderzimmereinrichtung machen. Wir Menschen vergessen viel zu schnell, wie sehr uns unsere junge Liebe gestärkt hat. Wir vergessen, wie wichtig uns die Liebe war, als wir sie vermissten. So geraten wir in einen Strudel der Gewohnheiten und der Lieblosigkeit. Die Liebe ist weg, bevor wir es bemerken.

Magische Übung für Konzentration auf die Liebe

Diese Übung kann jeder für sich allein durchführen. Allerdings sollte jeder Partner die Konzentration für seine Liebe aufbringen, Liebe ist keine Nebensache.

Wähle einen Samstag bei zunehmendem Mond für diese Übung.

Nutze eine Räucherschale mit Räucherkohle und als Räucherwerk Rosmarin und Basilikum, die die Konzentration fördern sollen. Du brauchst eine weiße Kerze und einen ruhigen Ort, an dem du für mindestens 30 Minuten ungestört bist.

Setze dich bequem und aufrecht hin und entzünde die Räucherkohle. Gib etwas von den getrockneten Rosmarinzweigen und dem Basilikum auf die Kohle. Hebe die Hände auf die Höhe deines Gesichtes und stelle dir in deinen Händen eine Kristallkugel vor. Wenn du eine Kristallkugel besitzt, nutze diese für dein Üben, doch die imaginäre Kugel ist ebenso geeignet. Nun projiziere das Gesicht deines Geliebten in diese Kugel. Halte das Gesicht mit der Kraft deiner Gedanken so lange fest, wie es möglich ist. Projiziere nun dein eigenes Gesicht neben das Gesicht des Partners. Versuche, das Gesicht des männlichen Partners an der linken Seite der Frau zu halten. Kehre immer wieder zu diesem Bild zurück, auch wenn deine Gedanken zwischendurch abgelenkt wurden. Gib nicht auf, bleib bei deinem Bild in der Kugel. Jetzt wenden die beiden Gesichter in der Kugel sich einander zu und vereinen sich zu einem Kuss. Schau ihnen zu und genieße den Anblick. Bleib bei dieser Übung, bis die Räucherkohle verglüht ist. Wiederhole diese Übung regelmäßig und übertrage sie in deinen Alltag.

Halte die Konzentration in Situationen der Zweisamkeit aufrecht. Schweife auch im Alltag nicht ab, wenn du mit deinem Liebespartner im Gespräch bist, ihr euch körperlich berührt oder etwas unternehmt wie gemeinsames Kochen, Musikhören oder Ähnliches. Die hohe Konzentration auf den Partner und die Zweisamkeit erlaubt jedem Liebenden, Kraft aus der Liebe zu schöpfen.

Integriert auch Hilfen zur Konzentration in euren Alltag. Die meisten Liebespaare haben zumindest ein Foto vom anderen auf dem Nachttisch, wenn sie nicht zusammenwohnen. In diesem Buch findet ihr viele Rituale. Wenn ihr euch angewöhnt, diese

Rituale als festen Bestandteil eurer Liebe zu sehen, wird euch die Konzentration leichter fallen, weil sie wie Erinnerungen immer wieder auftauchen und euch geistig zueinander führen.

ROLLENKLISCHEES UND GESELLSCHAFT

Spätestens mit der Emanzipationsbewegung ist die Gültigkeit von Rollenklischees ins Wanken geraten. Im Zuge dieser gesellschaftlichen Auseinandersetzung wurde alles verdreht, vertauscht und neu gedacht. Die Gesellschaft hat eine eigene Dynamik in der Definition von Männern und Frauen. Abhängig von den wechselnden, meist wirtschaftlichen oder arbeitsmarktpolitischen Gegebenheiten, werden Männer und Frauen neu definiert, und das ohne Rücksicht auf Verluste. In Deutschland legt man ständig neu fest, ob eine Frau nun die Mutterschaft oder die Karriere an die erste Stelle setzt, ob eine Mutter ihre Kinder selbst betreut oder lieber in der Kinderkrippe weiß und so weiter. Männern geht es da nicht besser. Braucht unsere Gesellschaft Leistungsträger, wird behauptet, das wahre Glück des Mannes liege im Beruf, steigen die Arbeitslosenzahlen, findet der Mann plötzlich seine Erfüllung im Besuch von Krabbelgruppen. Wir sind diesen Wandlungen oft unbewusst ausgeliefert, sie bestimmen einen großen Teil unseres Bildes von den Geschlechtern. Dabei haben diese Klischees oft gar nichts mit Männlichkeit und Weiblichkeit zu tun, sondern vielmehr mit der Frage, an welchem Platz eine Person der Gemeinschaft den größten Nutzen bringt. Selbstverständlich sind die sogenannten neuen Väter nicht gefragt, wenn überall Fachkräfte in der Industrie und in der Wirtschaft fehlen. In solchen Zeiten besteht Männlichkeit im Streben nach Karriere und Erfolg. Natürlich stört die berufsorientierte Mutter das gesellschaftliche Gleichgewicht, wenn wir einen Stellenabbau zu verzeichnen haben. Dann wird von allen Dächern posaunt, dass wahre Frauen Vollblutmütter seien. Doch eines wird dabei vollkommen außer Acht gelassen: »Weiblichkeit« und »Männlichkeit« beziehen sich gar nicht auf die Bereiche Beruf und Familie. Vielmehr gibt es einen weiblichen und einen männlichen Aspekt der Arbeitswelt, ebenso wie in der Familie und im weiteren Privatleben. Beide Geschlechter können jeden Bereich abdecken, jedes auf seine Art. Und da bei beiden Geschlechtern auch beide Anteile vorhanden sind, können Frauen durchaus männlich Karriere machen, ebenso können Männer weiblichen beruflichen Erfolg erlangen.

Die Qualitäten der beiden Geschlechter sind nicht an dem zu erkennen, was ein Mensch macht, sondern wie er es macht. Und die Möglichkeiten, mit beiden Qualitäten zu spielen, liegen in der Hand des Individuums. So sind mir schon viele Männer begegnet, die viel lieber ihre weibliche Seite ausgelebt haben als ihre männlichen Anteile. Und diese Männer unterschieden sich nicht dadurch von anderen Männern, dass sie strickten und Kinder schaukelten, sie unterschieden sich dadurch, dass sie inhaltlich anders handelten als andere Männer. Die Handlung selbst ist zu vergleichen mit einer Form, einem Rahmen oder vielleicht einem Schrank. Ein Mann wird den gleichen Schrank anders füllen als eine Frau. Es gibt also, wenn wir das Bild weiter nutzen, keine männlichen oder weiblichen Schränke, es gibt aber sehr wohl männliche und weibliche Inhalte. Das sind die Qualitäten, die Männern und Frauen innewohnen. Die Gesellschaft hält Weichheit, Schwächen oder Tratschen für weiblich, Stärke, Aggression und Redefaulheit für männlich. Hier handelt es sich aber um Wesensmerkmale, nicht um Merkmale der Geschlechter. Aggressive Frauen sind genauso häufig anzutreffen wie aggressive Männer, nur werden Männer und Frauen aus anderen Gründen aggressiv und sie leben ihre Aggressionen anders aus. Oder nehmen wir den

Wunsch, den Partner zu beherrschen. Männer agieren männlich dominant, indem sie Befehle erteilen, Verbote aussprechen oder Ähnliches. Frauen dominieren anders. Sie betüddeln und versorgen den geliebten Partner so lange, bis er seine Selbstständigkeit von selbst verliert. Beide Verhaltensweisen dienen dazu, den anderen kleiner zu machen, um ihn letztlich beherrschen zu können. An diesem Beispiel lässt sich sehr gut sehen, dass Männer und Frauen jeweils vollkommen anders an das gleiche Problem herangehen und auf verschiedenen Wegen zum Ziel kommen. Ebenso denkbar ist auch die umgekehrte Variante. Es gibt Männer, die auf sehr weibliche Art dominieren, sie pflegen und versorgen den geliebten Menschen bis zur kompletten Unselbstständigkeit. Frauen können durch Wüten und Zetern einen Mann unterdrücken.

Als Fazit ist sehr wichtig zu begreifen, dass Männlichkeit und Weiblichkeit eben keine oberflächlichen Bilder bzw. Handlungen sind, sondern Qualitäten in der Seele eines jeden Menschen. Lass ab von der Verbindung einer Handlung mit Bezeichnungen wie weiblich, männlich, typisch Frau, männertypisch und so weiter. Obwohl es hart klingt, kann ich nur immer wieder betonen, dass es sich bei solchen Behauptungen um geschlechterfeindlichen und beziehungszersetzenden Blödsinn handelt. Jeder Mann kann alles und lebt alles, ebenso wie jede Frau. Findet eure eigenen Rollen, in denen der eine die männliche und der andere die weibliche Seite übernimmt. Wechselt auch spielerisch hin und wieder ab. Wenn der Mann ganz im Sinne seiner inneren Weiblichkeit Marmelade einkochen möchte und die Frau in der gleichen Zeit dem männlichen Impuls setzt, nach einer neuen Wohnung zu suchen, ist das bereichernd – und es ist für alles gesorgt. Verfaulen aber die Marmeladenfrüchte, weil die Frau gar keine Lust auf Küchenarbeit hat, und findet das Paar keine Wohnung, weil der Mann sich in der Immobiliensuche unbeholfen anstellt, ist niemandem gedient.

Mach dir stets bewusst, welche Qualität hinter deiner Tätigkeit steht, und versuche in der Beziehung eine gute Ausgewogenheit zu finden. Aber sei wachsam. Lass dich nicht täuschen und denke gründlich gemeinsam mit dem Partner oder der Partnerin nach, bevor ihr eine Handlung als männlich oder weiblich einstuft. Führe dir allein das Reden vor Augen. Angeblich ist Reden, Erzählen, weiblich. Frauen sind viel aktiver in der Kommunikation als Männer. Doch verbale Impulse zu setzen ist eindeutig eine männliche Energie. Vielleicht sind die vielen redelustigen Frauen einfach nur männlicher als ihre Partner? Und das ewige Lamentieren über körperliche Wehwehchen soll doch typisch männlich sein, oder? Das Bewahren, egal ob von Leid oder von Lebensmitteln, Werten und Erinnerungen ist aber eine weibliche Qualität.

Macht euch in eurer Liebesbeziehung zur Gewohnheit, regelmäßig miteinander zu sprechen und euch gegenseitig zu verdeutlichen, welche Qualität ihr beide überwiegend auslebt. Lasst in diesem Gespräch keine Wertungen zu, denn ihr braucht beide Qualitäten, wenn eure Liebe gelingen soll. Lasst euch aus der Kräuterküche helfen, um einen klaren Blick zu behalten, während ihr dieses Gespräch führt. Trinkt gemeinsam einen Tee aus Thymian und Basilikum und lasst ein paar Tropfen ätherisches Salbeiöl in einer Duftlampe verdampfen.

Ihr könnt auch Wünsche an den anderen äußern. Wenn einer von euch beiden das Gefühl hat, zu stark auf seiner männlichen oder weiblichen Seite beansprucht zu sein, lasst es den anderen wissen. Vielleicht könnt ihr Veränderungen vornehmen. Wichtig ist auch, dass nicht alles nur in der Beziehung stattfindet. Eine Frau, die sich in der Liebe zu wenig weiblich beantwortet fühlt, kann durchaus auch in einer Freundschaft außerhalb der Liebesbeziehung stärker auf Weiblichkeit setzen. Ein Mann, der seine Männlichkeit intern nicht ausleben kann, weil er dafür den falschen

Beruf hat, kann sich einen Ausgleich in einem Freizeitbereich suchen. Und schließlich könnt ihr auch in der Sexualität ausgleichen, was als leichtes Übergewicht im Alltag gelebt wird.

Magische Übung zur Befreiung von Klischees

Diese Übung kannst du allein durchführen. Besorge dir dafür eine leere Pappkiste und ein Teelicht. Außerdem musst du bei dieser Übung unbedingt an einem Ort arbeiten, an dem du ein offenes Feuer machen darfst. Beachte dabei alle Brandschutzvorkehrungen und bring weder dich noch andere oder die Natur in Gefahr. An vielen Orten gibt es regelmäßig Feste mit offenen Feuern wie Maifeste oder Ähnliches. Vielleicht kannst du deine Übung im Rahmen eines solchen Festes feiern.

In die Kiste legst du nach gründlicher Überlegung die Klischees, die du loslassen willst. Du musst dich aber wirklich von ihnen trennen wollen. Manchmal sind Klischees auch ganz nützlich und wir verstecken uns hinter ihnen, weil sie uns auch Verantwortung ersparen können. Die Klischees legst du in Form von Begriffen auf Papier in die Kiste. Dazu gibst du einen getrockneten Salbeizweig für das Element Erde und die Reinigung und eine Feder für das Element Luft. Gibt zum Schluss fünf Tropfen ätherisches Lavendelöl für den Götterboten Merkur auf alles und verschließe die Kiste. Diese Kiste wird anschließend verbrannt, die Inhalte sollen sich durch die Wirkung der Elemente zu deiner Freiheit und Selbstbestimmung transformieren.

Außergewöhnliche Liebesbeziehungen sollen in diesem Buch Platz finden, weil sie uns immer wieder Mut machen können, nach einer harmonischen und glücklichen Beziehung zu streben. Eine der ältesten außergewöhnlichen Liebesbeziehungen ist die von Tristan und Isolde. Die beiden liebten sich nicht einmal freiwillig, sie waren Opfer eines Liebestranks. Aber haben wir nicht alle schon erlebt, dass wir uns quasi gegen unseren Willen verliebten? Ist nicht manchmal ein Cocktail aus Sonne, Düften, guter Stimmung und Musik Grund dafür, dass unsere Hormone sich auf »verliebt« einstellen? Ich bin überzeugt, dass Liebe grundsätzlich planlos und ohne Ratio in unser Leben kommt. Tristan und Isolde jedenfalls konnten von ihrer Liebe nicht lassen, obwohl beide mit anderen Personen verheiratet waren. Als Tristan annahm, Isolde würde ihm ihre Zuwendung verweigern, starb er an gebrochenem Herzen, und Isolde folgte ihm, als sie von seinem Tod erfuhr. Der Legende nach wuchs aus seinem Grab ein Weinstock und aus ihrem ein Rosenstock, beide Pflanzen sollen sich untrennbar miteinander verbunden haben.

In dieser alten keltischen Legende geht es um Liebe, nicht um eine Lebensabschnittspartnerschaft. Hier fordert die Liebe alles und sie gibt alles, völlig unabhängig von äußeren Gegebenheiten. Doch auch die beiden Liebenden tun ihren Teil dazu. Tristan kann vor Liebe zu Isolde keinen Sex mit seiner Ehefrau haben, Isolde verlässt ihren Ehemann Mark Hals über Kopf, als der Geliebte sie braucht. Dieses Liebespaar erfüllte sich selbst den Traum der Unendlichkeit, der auch heute noch in unseren Vorstellungen vorhanden ist.

Sehr schön wird dieses Sinnbild bei der Hochzeitszeremonie der Wicca benutzt. Beide Partner reichen sich jeweils die rechte und die linke Hand gleichzeitig über Kreuz. So entsteht durch die vier Hände das Zeichen der Unendlichkeit, die liegende Acht oder auch Lemniskate. Die spirituelle Ehe der Wicca gilt für das ganze Leben und darüber hinaus. Doch ähnlich wie bei Tristan und Isolde kommt der lebenslange Ehesegen nicht einfach vom Himmel, die Partner können sich nicht auf eine Art Eherente verlassen, sobald sie die Hochzeit hinter sich gebracht haben. Vielmehr gibt es Regeln im Umgang miteinander, die dann dafür sorgen, dass die Energie des Universums und der Schöpfung die Ehe tragen und nähren können. So gehören Rituale und magische Handlungen ebenso dazu, wie eine geistige Haltung dem Partner und sich selbst gegenüber. Unsere moderne Vorstellung, die Ehe sei unendlich, nur weil sie auf einem Papier abgestempelt wurde, ist dagegen oberflächlich und sicher nicht von Erfolg gekrönt. Allerdings hilft die allgemein frustrierende Vorstellung der seriellen Monogamie uns auch nicht weiter. Weil wir nicht mehr wagen, von Lebensbindungen zu träumen, begrenzen wir unsere Liebesbeziehungen gleich auf eine Zeitspanne von ein paar wenigen Jahren. So können wir immer wieder der Hingabe und der echten Nähe entgehen und uns etwas Neues besorgen, wenn das Alte nicht mehr so attraktiv ist wie am Anfang. Ein weiteres fiktives Paar verdient noch Beachtung als außergewöhnliches Liebespaar, nämlich Romeo und Julia.

Jeder kennt die Geschichte der beiden jungen Menschen, die sich gegen ihre Familien durchsetzen mussten, um sich zu lieben. Zuerst vergiftet sich Julia zum Scheine, der liebende Romeo vergiftet sich dann aus schierer Verzweiflung. Als Julia des Todes ihres Geliebten gewahr wird, folgt sie ihm ins Grab, der Dichter gestaltet die Szene dramatisch und tragisch aus, er zeigt, dass wahre Liebe ihre Vollendung findet, ganz gleich, was geschieht.

In der modernen Zeit kennen wir die Liebesgeschichten zwischen

Jean-Paul Sartre und Simone de Beauvoir oder zwischen Dalí und seiner Frau. Hier geht es um Beziehungen, die weniger auf körperlicher Anziehung als vielmehr auf einer geistigen Verbundenheit beruhen. Diese geistige Welt, in der solche Paare leben, ist eine magische Welt. Sie ist zu vergleichen mit dem Schutzraum, den die Weisen für ihre rituelle Arbeit erschaffen. Diesen Schutzraum zu schaffen ist auch für moderne Liebespaare von größter Bedeutung.

Der gemeinsame Raum muss von beiden gestaltet werden. Vielleicht könnt ihr euer Schlafzimmer zu einem solchen Raum umgestalten oder ihr richtet einen gemeinsamen Altar irgendwo im Haus ein, an dem ihr euch für gemeinsame Rituale und Übungen trefft. Zusätzlich zum Schutzraum braucht eure Liebe auch einen zeitlichen Schutz. Es ist nicht möglich, eine Liebesbeziehung zu pflegen, wenn Raum und Zeit dafür fehlen. Blockiert also unbedingt, mindestens einmal in der Woche, einen Zeitraum, in dem ihr nichts anderes macht, als eure Liebe zu leben. Und selbst wenn euch nichts einfällt in dieser Zeit, dann sitzt ihr eben beieinander und schaut in eine Kerze. Dieser freie Raum gibt euch die Zeit für Entwicklungen, die ihr unbedingt braucht. Der Mensch besteht aus Körper, Geist und Seele und es gilt, die Liebe zum anderen auf allen drei Ebenen zu leben. Außergewöhnliche Beziehungen zeichnen sich dadurch aus, dass der eine sich ein Leben ohne den anderen leer und weniger befriedigend vorstellt.

Führen Sie selbst auch eine außergewöhnliche Liebesbeziehung? Sie sollten es tun, denn nur dann wird die Beziehung auch den individuellen Bedürfnissen der beiden Liebenden gerecht. Außergewöhnlich zu lieben heißt in einer Zeit der Gleichförmigkeit und Uniformität wie der unseren, dem Gefühl Raum zu geben und auf sich selbst und sein Herz zu hören, seinen Geist einzubringen und den Körper seinem Gefühl folgen zu lassen.

Erstelle mit deinem Partner oder deiner Partnerin gemeinsam einen magischen Raum und ihr werdet schnell spüren, wie sich eure Liebe entfaltet und zu blühen beginnt.

2

MÄNNLICHKEIT UND WEIBLICHKEIT IN DER MYTHOLOGIE

Es heißt immer, der Traum vom Fliegen sei so alt wie die Menschheit. Ich denke, es gibt noch einen Traum, den die Menschen seit Anbeginn träumen. Es ist der Traum von der Verbindung der beiden Geschlechter. Die Mythen und Sagen aller Kulturen sind voller Liebessehnsüchte, Liebesqualen und Liebeskummer. Liebe motiviert in den alten Geschichten weit mehr als Macht oder Besitz. Liebe ist auch heute für fast alle Werbemacher ein gutes Mittel, mit dem sich viel Geld aus den Taschen der Verbraucher ziehen lässt. Da gehört etwas zusammen und wir möchten es gern zusammen sehen, doch wir wissen nicht, wie wir es bewerkstelligen sollen, tolle Männer und tolle Frauen zu tollen Paaren werden zu lassen. Machen wir etwas falsch?

Ich habe in vielen alten Überlieferungen nach Anleitungen gesucht, wie eine Liebesbeziehung gelebt werden soll. Leider wurde ich weniger fündig, als ich es erwartet hatte. Waren die Menschen denn zu dumm dafür? Ich denke nicht, sie waren vielmehr zu klug. Sie setzten die Liebe voraus, und wenn zwei sich liebten, lebten sie diese Liebe, ganz schlicht und selbstverständlich. Heute brauchen wir erst eine Persönlichkeitsanalyse, um uns einem Menschen zu nähern. Wenn er dann nicht den gleichen Lieblingsautor hat wie wir, dann kann es mit der Liebe nichts werden. Wir sollten ein altes Paar, die Sonne und den Mond am Himmel, genauer betrachten, um wieder motiviert zu sein, an die Liebe zu glauben. Selbstverständlich handelt sich um ein Bild, weder Sonne noch Mond haben ein Geschlecht, die beiden sind naturwissenschaftlich erforscht und wir haben sie nicht als Liebespaar verifizieren können. Doch unser Gehirn denkt in Bildern und unsere Seele lebt von diesen Bildern. Wir können uns den Bildern hingeben, um selbst zu bestimmen, wie wir so abstrakte Phänomene wie die Liebe begreifen wollen. Schließlich belassen wir es ja auch nicht beim Hinweis auf eine hormonelle Störung, wenn wir verliebt sind.

Sonne und Mond sind unsere Begleiter, seit wir denken können. Das gilt für unser eigenes Leben ebenso wie für die Menschheit allgemein. Die beiden Himmelskörper wechseln sich in unseren Augen ab und bestimmen unser Gefühl für Tag und Nacht. In dieser Beobachtung der Natur lässt sich einiges finden, das unsere Liebesbeziehung bereichert. Beide Himmelskörper bedingen einander. Beide brauchen sich und beide haben die gleiche Berechtigung. Leben ohne die Sonne ist so unmöglich wie Leben ohne den Mond. So wie Sonne und Mond sich bedingen, bedingen sich auch männliche und weibliche Energien.

In vielen alten Kulturen wurden Sonne und Mond als Gottheiten verehrt. Bei den Weisen stand die Sonne für die Schaffenskraft und die Impulse, die gegeben wurden, also für das männliche Prinzip. Der Mond dagegen stand für das Verborgene, für das Mystische in uns Menschen und in der Welt, also für das weibliche Prinzip.

Mondgöttinnen in den verschiedenen Kulturen waren beispielsweise die Aphrodite der Griechen, die Venus der Römer. Sie war für Liebe und auch für Sexualität, für Schönheit und Ästhetik zuständig. Auch Ariadne, die Partnerin des Weingottes der Griechen, galt als Mondgöttin, sie stand für Liebeslust und Fruchtbarkeit.

Und Baba Yaga, die slawische, dreifaltige Mondgöttin, wurde nicht nur als böse Hexe dargestellt, sie hatte die Macht über das Lebenswasser, das über Leben und Tod entscheidet. Auch die alten Ägypter verehrten eine Mondgöttin, die für Sinnenfreude, Musik und Zauberei, Sexualität und Fruchtbarkeit stand. Sie hieß Bastet und wurde mit einem Katzenkopf dargestellt. Uns ist aus der ägyptischen Mythologie eher Isis bekannt, sie wurde auch als

Hohepriesterin und Heilerin verehrt. Die Menschen brachten sie mit dem Mond in Verbindung.

Bei den Kelten übernahm Cerridwen diese Rolle. Sie braute Zaubertränke aus Kreativität und Wissen. Cerridwen heißt übersetzt »Kessel der Weisheit«. Stelle selbst einen Kessel der Weisheit für deine Liebe auf und nutze ihn regelmäßig. Gehe nach folgender Anweisung vor und fülle den Kessel gemeinsam mit deinem Partner oder deiner Partnerin jeweils am Freitag, am Tag der Venus.

Ein magischer Kessel für zwei

Für diesen magischen Kessel lohnt sich ein Besuch auf dem Flohmarkt. Dort gibt es häufig schöne Kupfergefäße zu kaufen. Kupfer ist das Metall der Liebesgöttin Venus und eignet sich daher sehr gut für den magischen Kessel. Dieser magische Kessel soll nun mit Symbolen für die vier Elemente geschmückt werden. Außerdem könnt ihr gemeinsam jeden Freitag genau das Erlebnis hineinlegen, dass jedem von euch gut gefallen hat. Es muss nicht immer Übereinstimmung in dieser Frage geben, aber es ist schön, sich vor Augen zu halten, welche schönen Erfahrungen man in der Liebe gemacht hat. Wenn einer von euch oder ihr beide etwas gelernt habt, was die Liebe betrifft, dann legt es auch in den magischen Kessel. Sammelt hier Ergebnisse der Weisheit für eure Liebe. Ihr könnt immer wieder in diesen Schätzen schwelgen. Wenn der Kessel voll ist, leert ihr ihn aus und feiert ein Ritual der Dankbarkeit. Dann beginnt ihr erneut mit dem Sammeln aller guten Seiten eurer Liebe.

Jede moderne Frau weiß um den Einfluss des Mondes auf den natürlichen weiblichen Zyklus. Viele Frauen menstruieren auch heute noch im Zyklus des Mondes, allerdings haben die künstlichen Beleuchtungsmöglichkeiten wie auch das Ausblenden des Mondlichts durch Rollos etc. diese Prozesse stark verändert. Aber wenn es einer Frau gelingt, unter dem Einfluss des Mondlichts, ohne Straßenlaternen, die ins Fenster scheinen, und ohne Verdunklung, die das Mondlicht abschirmt, schlafen zu können, dürfte sich ihr Zyklus schnell wieder dem Mondrhythmus anpassen.

Mondritual für ein Liebespaar

Dieses Ritual feiert ihr zu zweit oder allein bei Vollmond. Wenn ihr die Gelegenheit habt, ungestört in einem Wald zu sein, ist das der beste Ort für dieses Ritual. Ideal eignet sich der Vollmond im April, denn er verspricht Fruchtbarkeit und Neuanfang. Geht körperlich gereinigt an das Ritual heran, spült unter der Dusche alles ab, was euch belastet und an euch haftet. Ihr braucht grüne Zweige, eine silberfarbene Kerze, einen Kelch aus Ton oder Holz, nicht aber aus Metall, der mit Wasser gefüllt ist, sowie eine Räucherschale mit Räucherkohle. Als Räucherwerk benutzt Rosmarin, Salbei und Thymian.

Außerdem braucht ihr Salz oder ein Stück Kreide. Wenn ihr euren Ritualplatz eingenommen habt, zieht ihr zuerst mit der Kreide oder dem Salz einen Schutzkreis um euch und eure Ritualgegenstände. Dann setzt ihr euch in euren Kreis und findet zuerst zu euch selbst und in die Mondenergie, indem ihr, jeder für sich allein, leise das folgende Mantra neun Mal hintereinander sprecht.

»Werden, wachsen und vergehen,
die Kraft des Mondes bleibt bestehen.
Das Leben ist ein Wellenspiel,
einmal wenig, einmal viel.«

Nun beginnt euer Ritual. Steht auf und ruft abwechselnd die Kräfte der Natur. Sprecht in der vorgegebenen Reihenfolge:

Er: »Ihr Kräfte des Nordens, wir rufen Euch zum Schutz und zur Kraft.«

Sie: »Ihr Kräfte des Ostens, wir rufen Euch zum Licht und zur Kraft.«

Er: »Ihr Kräfte des Südens, wir rufen Euch zur Wärme und zur Kraft.«

Sie: »Ihr Kräfte des Westens, wir rufen Euch zur Ruhe und zur Kraft.«

Die Frau entzündet nun die Kerze, der Mann die Räucherkohle. Streut gemeinsam das Räucherwerk auf die Kohle und haltet beide den Kelch mit dem Wasser dem Mond entgegen in die Höhe. Sprecht gemeinsam den folgenden Spruch:

> »Mondgöttin, weise und alt,
> fülle den Kelch mit deiner Gewalt.
> Gib uns deinen silbrigen Klang und
> begleite unsere Liebe dieses Leben lang.«

Trinkt beide aus dem Kelch und sprecht danach:

> »So sei es! So sei es! So sei es!«

Lasst euch vom Mondlicht bescheinen, solange die Räucherkohle glüht, streut ruhig weiteres Räucherwerk auf die Kohle, solange ihr beieinandersitzt. Wenn ihr das Ritual beenden wollt, geht vor wie am Anfang, nur umgekehrt und nach folgendem Schema:

Er: »Ihr Kräfte des Westens, wir danken Euch für Ruhe und Kraft.«

Sie: »Ihr Kräfte des Südens, wir danken Euch für Wärme und Kraft ...«

Die Sonne hingegen wird anders dargestellt. Die Sonnengottheit Helios reiste mit ihrem Sonnenwagen über den Himmel. Der Sonnengott war in wärmeren Regionen häufig der Hauptgott, er stand für Wärme, Licht und Kraft. Während die Mondgöttin eher den kleinen Zyklus von etwa 29,5 Tagen regelt, hat der Sonnengott einen größeren Herrschaftsbereich, er bestimmt das Jahr und damit auch die Jahreszeiten. Die Sonnengottheit wurde in der Person von Sol bei den Römern oder Sunna bei den Germanen verehrt. Das war am 25. Dezember, dem Tag des Lichts. Heute noch feiern die Christen diesen Tag als Aufgehen der Sonne und letztlich als neue Hoffnung für die Welt, indem sie diesen Tag zum Geburtstag des Jesus von Nazareth bestimmten. In der ägyptischen Mythologie wurde der Sonnengott Re genannt und mit dem Mars in Verbindung gebracht, daher wurde für seine Abbildungen häufig rote Farbe verwendet, die Farbe Blau war dem weiblichen Prinzip zugeordnet. Hier findet sich auch die Erklärung dafür, dass wir Frauen für Geschöpfe der Venus und Männer für Söhne des Mars halten.

Bevor die Menschen sesshaft wurden, legten sie ihre Wanderzüge nach dem Stand der Sterne fest. Die Menschen orientierten sich am Sternenhimmel. Auch später, bei Ackerbauern und Viehzüchtern, bot der Stand des Mondes und die Kraft der Sonne Orientierung für die verschiedenen Arbeitsprozesse. Sonne und Mond sind nicht aus dem menschlichen Leben wegzudenken, daher sollten wir auch schnell jeden Versuch einstellen, Männer und Frauen voneinander zu trennen oder das eine Geschlecht dem anderen gegenüber zu verdrängen oder gar zu entwerten.

Ritual zur Feier der Sonne

Dieses Ritual feiert ihr gemeinsam an einem Sonntag in der Mittagszeit. Auch hier gilt, dass ihr dieses Ritual gut im Freien feiern könnt, um die Kraft der Sonne direkt zu spüren.

Ihr braucht das Sonnenkraut Rosmarin als Räucherwerk mit Räucherschale und Kohle, einen Kelch gefüllt mit Honig, eine goldfarbene Kerze und einen Zauberstab oder einen Ritualdolch, notfalls einen angespitzten Ast aus Eichenholz. Außerdem benötigt ihr Salz zum Ziehen des Schutzkreises. Reinigt euch wie beim Mondritual und begebt euch an euren Ritualplatz. Zieht den Schutzkreis aus Salz um euch und um eure Ritualgegenstände. Setzt euch mit dem folgenden Mantra als Vorbereitung in den Schutzkreis:

»Sonne, Gottheit des Feuers.
Sonne, Gottheit der Kraft.
Dein Mut sei mir lieb und teuer,
weil er in mir das Große schafft.«

Nun steht auf und hebt die Arme zum Himmel. Visualisiert, wie das Sonnenlicht eure Köper in Gold einhüllt und in euch eindringt bis in die letzte Körperfaser.

Ruft die Kräfte des Universums abwechselnd wie beim Mondritual.

Er: »Kräfte des Nordens, wir rufen Euch für Klarheit und Kraft.«
Sie: »Kräfte des Ostens, wir rufen Euch für Mut und Kraft.«
Er: »Kräfte des Südens, wir rufen Euch für Aufschwung und Kraft.«
Sie: »Kräfte des Westens wir rufen Euch für Macht und Kraft.«

Er entzündet nun die Kerze und streut von der Räuchermischung auf die Kohle.

Hebt nun den Kelch mit dem Honig (ihr könnt auch Honigwein nehmen) und sprecht gemeinsam:

»Sonnengott, wir bitten Dich,
fülle uns mit Feuer und Kraft
gib uns von Deiner Leidenschaft
auf das wir uns lieben inniglich.«

Nun steckt er den Dolch oder den Zauberstab gemeinsam mit ihr in die Erde. Beide sprechen:

»So sei es! So sei es! So sei es!«

Trinkt aus dem Kelch und setzt euch anschließend in den Kreis. Verharrt so, bis die Räucherkohle verglüht ist, wobei ihr regelmäßig Räucherwerk nachlegen könnt. Wenn ihr das Ritual beenden wollt, geht vor wie oben, jedoch nach dem Vorbild des Mondrituals in umgekehrter Reihenfolge und bedankt euch so bei den Kräften, die euch unterstützt haben.

Fassen wir also einmal zusammen, was die verschiedenen Mythen der Weltkulturen aussagen: Frauen werden dem Mond und auch der Sexualität und allem Schöngeistigen zugeordnet, ebenso den Kräften, die im Verborgenen wirken. Männer hingegen werden gesehen als zum Licht zugehörig, zur Kraft und zur Wärme. Männlichkeit setzt Impulse und dringt vor, bringt Licht in die Angelegenheit, Weiblichkeit schützt, verbirgt und gestaltet harmonisch. Wichtig ist noch zum schützenden Aspekt der Weiblichkeit zu sagen, dass es um das Erhalten und Bewahren von materiellen und ideellen Werten geht. Die Verteidigung gegen Außeneinflüsse allerdings bleibt der männlichen Energie überlassen. In diesem Zusammenhang gibt es ein altes Sprichwort aus Asien: »Ein Mann kann ein Haus bauen, eine Frau kann ein Heim schaffen.« Auch Hildegard von Bingen, die katholische Gelehrte, die viel Weisheit entwickelt und verbreitet hat, setzte sich mit dem Unterschied zwischen Männern und Frauen auseinander und formulierte unter anderem:

»Der Mann besitzt mehr Schaffenskräfte als die Frau. Die Frau aber ist ein Quell der Weisheit und der Freudenfülle. Beides bringt der Mann zur Vollendung.«

Ritual für Mann und Frau zur Feier von Sonne und Mond

Ihr könnt in einem einzigen Ritual den Rhythmus von Sonne und Mond feiern, um euch zu vergegenwärtigen, dass beide Himmelskörper eure Liebe mit Kraft und Energie versorgen sollen.

Dieses Ritual zelebriert ihr am besten in einer Nacht von Donnerstag auf Freitag, denn Zeus und Venus stehen Liebenden wohlwollend gegenüber. Nutzt den zunehmenden Mond. Der beste Zeitpunkt ist etwa drei Uhr morgens, wenn die Nacht in den Tag übergeht. Ihr braucht einen Kelch mit Wasser, eine Räucherschale mit Räucherkohle, getrocknetes Eichenkraut, Eichenrinde, eine weiße Kerze, eine silberfarbene und eine goldfarbene Kerze, eine Feder und einen Stein. Nutzt außerdem Kreide oder Salz, um einen magischen Kreis zu ziehen. Bevor ihr mit dem Ritual beginnt, reinigt euch und die Gegenstände. Begebt euch an einen ungestörten, ruhigen und harmonischen Ort, am besten unter freiem Himmel. Zieht zu Beginn einen magischen Kreis um euch beide und um die magischen Utensilien. Zündet die weiße Kerze an. Dann beginnt, indem ihr zuerst gemeinsam die Kräfte von Sonne und Mond ruft. Verwendet dafür die folgenden Worte:

»Mutter Mond und Vater Sonne,

helft uns dabei, unseren gemeinsamen Weg als Kinder Eurer Liebe zu gehen. Segnet für uns Feuer, Wasser, Luft und Erde, damit unsere Liebe heilig werde. Wir beide danken Euch mit unserem Dienst in Eurem Geist.«

Nun gibt die Frau Eisenkraut auf die Räucherkohle und zündet die silberfarbene Kerze an. Sie reicht sie ihrem Partner mit den Worten: »Als Tochter der Mondin schenke ich uns von Augenblick zu Augenblick die Kraft meiner Weiblichkeit.« Er gibt Eichenrinde auf die Räucherkohle und zündet die goldfarbene Kerze an, indem er spricht: »Als Sohn der Sonne schenke ich uns meine Männlichkeit von Augenblick zu Augenblick.« Reicht euch die Hände über Kreuz und bildet so die Lemniskate, das Zeichen für Unendlichkeit (die liegende Acht). Sprecht gemeinsam: »So sei es! So sei es! So sei es!«

Stellt die weiße Kerze mit den beiden anderen Kerzen gut sichtbar in eurer Wohnung auf und zündet die Kerzen eine Woche lang jeden Abend an. Erinnert euch dabei gemeinsam an das Ritual. Als Belohnung für diese Mühe werdet ihr euch daran erfreuen können, dass ihr euch gegenseitig mit großer Leichtigkeit noch mehr Respekt und Achtung entgegenbringen könnt.

VON DER VERBINDUNG DER GEGENSÄTZE

Die erwähnten Gegensätze zwischen Männlichkeit und Weiblichkeit gibt es nur auf den ersten Blick. Vielmehr braucht jede Kraft unbedingt die andere. Zu viel Sonne lässt alles Leben verdorren. Wir müssen nur an die trockenen Regionen der Erde denken. Zu viel Mond, zu viel Schatten sorgt dafür, dass das Wachstum gar nicht erst in Gang kommt. Für uns Menschen bedeutet das, dass jeder Einzelne von uns, ganz gleich ob Mann oder Frau, über beide Qualitäten verfügen muss. Ein rein männlicher Mann ohne weibliche Anteile würde sich schnell überhitzen und wäre dem Untergang geweiht, einer rein weiblichen Frau fehlten das Licht und die Wärme für ein natürliches Wachstum und für ihre Entwicklung.

Und tatsächlich ist uns bekannt, dass jedes Geschlecht über beide Merkmale verfügt. Das wussten unsere weisen Vorfahren intuitiv und hielten sich fern von Geschlechterkampf und Spaltung. Die Akzeptanz des anderen Geschlechts war selbstverständlich, beide waren anders, aber nicht von unterschiedlichem Wert. So wurden Sonnenfeste und Mondfeste zu gleichen Anteilen gefeiert.

In meinem Buch über das Seelenwissen der weisen Frauen geht es um die 13 Hexenregeln. Zwei davon beschreiben den Umgang mit anderen. »Ehre die Kräfte der Natur« und »Respektiere deine Umwelt«. Wer sich im Geschlechterkampf austobt oder das andere Geschlecht nicht respektiert und ehrt, bricht diese beiden Regeln. Aus diesem Grund soll die Vereinigung angestrebt werden, denn die Schöpfung hat nun einmal keine androgynen Menschen geschaffen, die sich selbst genug sind wie der selbstverliebte Narziss, der schließlich in Egozentrik ertrinkt.

Das beschriebene Ritual für Sonne und Mond kann zeigen, wie harmonisch männliche und weibliche Energien wirken können, wenn sie ausgeglichen sind. Es gibt eine alte Legende von Sonne und Mond als Liebespaar. Darin werden Sonne und Mond als Paar dargestellt, bei dem beide immer abwechselnd für die Geschöpfe auf der Erde sorgen. In Frieden und Übereinstimmung übergeben sie sich morgens und abends diese Aufgabe und hin und wieder begegnen sie sich. Dann ist Sonnen- oder Mondfinsternis und wir Menschen wissen dieser Überlieferung nach nicht, was die beiden dann treiben.

Schaffe dir mit deinem Partner oder deiner Partnerin ein Ganzes, ein gemeinsames Ziel. Ihr könnt mit eurer Liebe Berge versetzen, wenn ihr es wollt, doch dafür ist wichtig, dass ihr eure Gemeinsamkeiten erkennt. Ein Kind braucht Vater und Mutter, eure Liebe braucht männliche und weibliche Kräfte. Das gilt übrigens nicht nur für heterosexuelle Paare, auch homosexuelle Paare können dieses Wissen anwenden, indem sie von ihrem biologischen Geschlecht abgesehen die beiden archetypischen Anteile im anderen Liebespartner finden. Respekt vor dem anderen und seiner Art, sich selbst zu leben, ist notwendig. Und sowohl die eigene Energie als auch die des Geliebten als natürliche Kraft zu ehren, muss ein fester Bestandteil jeder Liebe sein. Öffne dein Herz für den anderen, dann werden dir Respekt und Ehre leichtfallen. Lass alle Wertung los und begreife den anderen als Teil von dir. Ich kann mir schwer vorstellen, dass die Sonne am himmlischen Stammtisch über den Mond und seine kleinen Ticks herzieht oder dass der Mond sich auf eine Verkaufsparty für Plastiktöpfe begibt, um die letzten Peinlichkeiten der Sonne zum Gespött aller preiszugeben. Beschenke deinen Partner oder deine Partnerin mit kleinen magischen Gaben, um zu zeigen, dass du gerade die Eigentümlichkeit seiner oder ihrer Energien zu schätzen weißt. Das ist genau das Gegenteil des allgemeinen Umgangs in unserer Gesellschaft. Wir versuchen den Frauen die Weiblichkeit und den Männern die Männlichkeit madig zu machen, weil wir in Konkurrenz gehen. Verzichte auf Konkurrenzkämpfe und du wirst schnell merken, wie der andere sich unter deiner Liebe entfaltet. Frage dich, bevor du Kritik an der Männlichkeit bzw. der Weiblichkeit deines Partners oder deiner Partnerin übst, ob du wirklich von seinem oder ihrem Verhalten betroffen bist. Warum ärgerst du dich über das Verhalten des anderen? Meistens liegen die Gründe für unseren Ärger in uns selbst. Entweder neiden wir ihm die Freiheit, die er sich nimmt, oder wir sind wütend, weil wir nicht die erste Geige in seinem Leben spielen. Oft kritisieren wir einen Fehler, den wir selbst gern machen würden, aber wir gestehen ihn uns nicht zu. Oder wir haben einfach nicht gut für uns gesorgt und lassen unsere Unzufriedenheit am anderen aus. Gerade für solche Situationen haben wir dann parat, dass der andere eben das falsche Geschlecht habe und uns deshalb gar nicht verstehen könne. Leben wir selbst unsere Bedürfnisse aus, können wir weit großzügiger mit dem anderen umgehen.

Zusammengefasst kann man sagen, dass es keine Gegensätze gibt. Es gibt eher zwei Teile, die nahtlos ineinanderpassen, wenn sie die richtige Form der Begegnung wählen. Wenn sich diese beiden Teile verkanten und es bei der Begegnung hakt, haben beide zu wenig Sorgfalt auf das »Passen« gelegt. Und es ist dann völlig unwichtig, wer von beiden zuerst einen Fehler gemacht hat. Wenn es erst einmal nicht mehr passt, haben beide damit einen Verlust zu verzeichnen, nicht nur der, der vielleicht den ersten Fehler begangen hat.

Kleine magische Geschenke für Weiblichkeit

- Das Venuskraut Thymian hilft dabei, Traurigkeit und Schwierigkeiten besser durchzustehen. Schenke deiner Partnerin, wenn sie traurig ist, eine Thymianpflanze und biete ihr an, mit ihr gemeinsam zu kochen und dabei das Kraut zu verwenden.
- Zeige deiner Partnerin, dass du ihr Bedürfnis nach weiblicher Einkehr respektierst, und schenke ihr für den Montag einen wohlriechenden Badezusatz und eine dunkelblaue Kerze. Lass ihr ein Bad ein, stelle ihr die Kerze ins Bad und serviere ihr eine Tasse heißen Kakao dazu. Gib ihr die Möglichkeit, ungestört eine Stunde für sich selbst zu erleben.
- Schenke deiner Partnerin einmal einen Blumenstrauß der ganz besonderen Art. Trockne Klettenlabkraut, Minze und Thymian und stelle ein Potpourri daraus her. Du kannst es optisch noch durch ein paar getrocknete Rosenblätter verschönern. Stelle dieses Potpourri auf ihren Nachtschrank, es besteht aus Mond- und Venuskräutern und soll den verschönernden Schlaf deiner Geliebten fördern.

Kleine magische Geschenke für Männlichkeit

- Auch Männer wollen schön sein und sind mitunter sehr eitel. Zwar bietet die Kosmetikindustrie inzwischen gute Produkte an, die speziell auf männliche Bedürfnisse abgestimmt sind, doch du kannst deinem Geliebten auch einiges aus der Hexenküche bieten.

  Besorge dir Ringelblumenblüten und Distelöl. Lege 15 Blüten in einem halben Liter Öl ein und lass die Mischung während der ganzen Phase des zunehmenden Mondes an einem sonnigen Platz reifen. Seihe die Blüten danach ab und fülle das Öl in eine hübsche Flasche. Es ist ein sehr nützliches Öl gegen rissige Hände, das zudem noch die Kraft der Sonne in sich trägt.

- Männer stehen gerade heute vor vielen Aufgaben, die teilweise unlösbar scheinen. Schenke deinem Mann eine Rune als Talisman. Nutze die Rune Thor dafür, das ist ein Pfeil, dessen Spitze nach oben zeigt. Ritze die Rune tief in Holz ein, das du selbst besorgt hast. Am besten nimmst du Eichenholz dafür. Mit dieser Rune wird dein Partner vom Gott Thor, von dessen Kraft und Macht begleitet. Vielleicht stellst du sie gleich so her, dass er sie am Schlüsselbund tragen kann.

- Besorge deinem Partner einen flachen Heilstein, der seine Tatkraft stärkt. Das kann ein Blutjaspis oder ein Hämatit sein. Wenn dein Mann Geldsorgen hat, schenke ihn einen Aventurin. Wenn er sich gerade in einer Umbruchphase befindet, wähle den Ozeanjaspis. Bedenke aber, dass dein Geliebter den Stein in der Hosentasche bei sich tragen soll, suche also kein allzu großes Exemplar aus.

3

MÖGLICHKEITEN DER GEMEINSAMEN WEGGESTALTUNG

Gemeinsame Wege gibt es viele. Nur einen Weg solltest du mit deinem Partner oder deiner Partnerin nicht wählen: Plant nicht, miteinander alt zu werden. Geht einen lebendigen Weg, sucht euch Etappenziele und baut euch etwas auf. Reif und älter werdet ihr dabei von ganz allein, das kann kein Ziel für eine Liebesbeziehung sein. Euer Ziel muss nicht unbedingt materieller Natur sein, es gibt ebenso ideelle Ziele für ein Liebespaar. Was wollt ihr gemeinsam säen und ernten? Macht euch bewusst, dass ihr als Paar über doppelt so viel Energie verfügt wie jeder von euch allein. Begehe nicht den Fehler, in der Liebesbeziehung nur eine halbe Portion zu sein, weil der andere ja nun den Rest übernehmen kann. Schau auf einen Weg vor dir, nicht auf eine Parkbank, denn wenn du nicht säst, wachsen lässt und erntest, stehst du außerhalb des Lebenszyklus der Weisen, deine Liebesbeziehung wird eingehen wie eine ungeliebte Pflanze. Da du nun schon von der Bedeutung von männlicher und weiblicher Energie weißt, können du und dein Partner eure Ziele so wählen, dass beide Formen gleich stark vertreten sind. So kommen beide in den Genuss der vollen Entfaltung und niemand von euch muss auf Lebendigkeit verzichten. Zwar gibt unsere Konsumgesellschaft durch das Prinzip des »immer neu« ganz stark männliche Anreize vor, aber vergesst dabei das Bewahren nicht. Verwendet viel Zeit auf die Erhöhung eures Lebensstandards, baut ein Haus und kauft auch ein neues Auto, wenn ihr solche Inhalte in eurer Liebesbeziehung leben wollt. Es ist nichts Schändliches daran, aber vergesst nie, eure Freundschaften zu pflegen, eure Ritualzeiten zu bewahren und eure Sexualität zu schützen.

Ich möchte an den magischen Raum erinnern, den ich bereits erwähnte. Niemand würde ein Kind in die Welt setzen, ohne ihm ein Kinderzimmer einzurichten. Aufgrund des Wohlstands in unserem Land haben inzwischen selbst Senioren Arbeitszimmer, Frauen Lesezimmer und Männer richten sich Hobbyräume ein, doch die

Liebe hat keinen Platz. Gebt eurer Liebe, was sie braucht, damit sie euch nicht unter den Augen verhungert.

DER JAHRESKREIS ALS SPIEGEL DER BEZIEHUNG

Paare bilden im Laufe der Beziehung eigene Rituale und Gewohnheiten. Manchmal aber bringen die einzelnen Partner viel mehr eigene, alte Gewohnheiten ein, als für die Zweisamkeit gut ist. Viele Paare finden schwer in die neue Lebensstruktur, denn gerade wenn beide nicht in ihrer ersten Beziehung sind, treffen zwei Persönlichkeiten aufeinander, die bereits ein vollständiges Leben hatten, bevor es den anderen gab. Hat der Mann bereits Weihnachtsrituale mit seinen Freunden entwickelt, die Frau aber unternimmt zu Weihnachten immer einen Urlaub, wird es schon problematisch: Das Bedürfnis nach Gemeinsamkeit kann nicht mehr kompromisslos befriedigt werden. Was, wenn er an seinem Geburtstag grundsätzlich allein sein möchte, sie sich aber wünscht, diesen Tag mit ihm gemeinsam zu verbringen? Es kann zu Konflikten kommen, wenn die neuen Bedürfnisse nicht mit den alten Gewohnheiten übereinstimmen. Gleichermaßen schwer wird es für Paare, die zwar viel Zeit gemeinsam verbringen, aber nicht wissen, wie sie diese füllen sollen. Der alltägliche Fernsehabend kann eine Gewohnheit sein, eignet sich aber kaum, um eine lebendige Beziehung zu bewahren.

Im Wissen der Weisen spielt immer auch Ordnung und Orientierung eine große Rolle. Unsere Zeit bietet Orientierung nur von außen her. Die Arbeitszeiten, die Ladenschlusszeiten und die eigenen Biographien geben eine Ordnung an, in der für persönliche Belange häufig keine Zeit mehr bleibt. Durch den Mangel an freier Zeit verliert der Mensch aber die Fähigkeit, eigene Ideen zu entwickeln. Uns fällt manchmal einfach nichts mehr ein und es bleiben nur Fragen wie: Was machen denn die anderen Paare heute? Was kommt denn im Fernsehen?

Der Jahreskreis der Weisen bietet einen Ausweg aus der eigenen Ideenleere. Vom Grundsatz her ist er gemäß der Natur entwickelt. Und selbst die Stadtpflanzen und Stubenhocker unter uns Menschen haben eine innere Uhr, einen biologischen Rhythmus und sind letztlich in jedem Fall natürliche Wesen. Um den Jahreskreis zu verstehen, braucht es ein klares Verständnis für männliche und weibliche Energien. Einigen wir uns auf eine Kurzformel: Männliche Kräfte setzen Impulse und bringen etwas ans Licht. Weibliche Energien nehmen auf, bewahren, behüten. Während Männlichkeit im Hellen wirkt, ist der Weiblichkeit das Verborgene vorbehalten. Ganz wichtig ist für uns die Gewissheit, dass in Männern und Frauen jeweils beide Energien wirken. Beide Geschlechter haben sowohl die Fähigkeit, Impulse zu setzen, als auch, diese zu Erträgen reifen zu lassen. Das klassische Beispiel ist die Sexualität. Der Mann wirkt als Impulsgeber bei der Entstehung eines Kindes, die Frau lässt das Kind reifen bis zur Geburt.

Der Jahreskreis der Weisen teilt das Jahr in eine eher männliche und eine eher weibliche Hälfte. Das Jahr der Weisen beginnt in der Nacht vom 31. Oktober auf den 1. November. Wir kennen diesen Tag als Halloween oder als Allerheiligen. Die Halloweenbräuche und das Allerheiligenfest verweisen noch auf den alten Jahresanfang. Er hieß Samhain und läutete die weibliche Zeit ein. In den folgenden Wochen hat der Mensch die Gelegenheit, sich seiner eigenen inneren Seite zu widmen. Männer und Frauen können meditieren, zu sich selbst finden und ruhen wie die Natur auch. Früher nahm man Kontakt zu den Ahnen auf, um zu sehen, welche Botschaften aus der Vergangenheit wichtig waren. Heute ehren die katholischen Christen an Allerheiligen ebenfalls die Verstorbenen, indem sie Kerzen auf die Gräber stellen. Samhain läutet eine Zeit ein, in der Partner sich auch auf die gemeinsamen Werte der Zweisamkeit besinnen können.

Schon nach etwa sieben Wochen ist es mit der Ruhe vorbei. Yul oder Jul zeigt den Menschen am 21. Dezember die neue Hoffnung auf eine hellere, männlichere Zeit. Der kürzeste Tag des Jahres ist vorüber, wir feiern mit Kerzen und vielen verschiedenen Lichtwellen, dass es wieder fröhlicher und bunter in der Welt wird. Auf unsere Beziehung übertragen heißt das, dass nun kleine Pläne und Visionen für das kommende Kalenderjahr möglich sind, aber alles spielt sich noch in den Gedanken ab. Wir stürzen uns nicht gleich in die Arbeit. In der heutigen Zeit zeugen die guten Vorsätze zu Silvester von dieser alten Ordnung.

Dann werden die Tage unaufhaltsam länger, die männlichen Impulsenergien nehmen in Männern und Frauen wieder zu. Bevor wir aber richtig starten können, müssen wir uns zu Imbolc, am 1. Februar, zuerst von allem befreien, was wir für unsere neuen Ideen und Projekte nicht mehr benötigen. Für ein Paar ist das die ideale Gelegenheit, einmal zu sortieren, was nicht mehr gebraucht wird. Das können alte Möbel oder Klamotten sein, aber auch Gewohnheiten, vielleicht sogar falsche Freunde. Das Paar könnte gemeinsam mit einer Entschlackungskur oder einer Rauchentwöhnung beginnen, das Haus gemeinsam reinigen und die Garderobe auf Vordermann bringen. Es lohnt sich auch, einmal Imbolc auf die Finanzen wirken zu lassen. Vielleicht gibt es Abonnements für Zeitschriften, die niemand mehr liest, Versicherungen, die nicht mehr sinnvoll sind, oder Ähnliches? Jeder Ballast, der jetzt abgeworfen wird, macht den Weg frei für neuen Schwung in der Liebesbeziehung.

Die große Zeit der Aussaat für weiteres, neues und frisches Liebesglück beginnt am 21. März, dem Fest Ostara oder auch

Frühjahrsäquinoktium. An diesem Tag sind Tag und Nacht gleich lang, männliche und weibliche Anteile gleich stark. Ein guter Tag also, um partnerschaftlich und ausgewogen Entscheidungen zu treffen, die die gemeinsame Zukunft betreffen. Gesät werden kann nun bis zum zweiten Fruchtbarkeitsfest, Beltane.

Dieses Fest am 30. April heißt auch Walpurgisnacht. Wir kennen den Tanz in den Mai und den 1. Mai mit Maibaum. Diese Riten sind Überlieferungen, die noch heute gern gelebt werden.

Voller Kraft und Power geht es dann als Paar vorwärts bis zum 21. Juni, dem Tag, an dem die männlichen Kräfte ihren Höhepunkt erreichen. Das Fest heißt Litha, es ist die Mittsommernacht.

Ab jetzt heißt es gemeinsam arbeiten bis zum ersten Erntefest, Lughnasad, das am 1. August gefeiert wird. Es ist eine stärkende und verbindende Erfahrung, wenn zwei Liebespartner die Ernte ihrer gemeinsamen Arbeit einbringen können. Gemeinsame Erfolge verbinden, das sollte sich kein Paar entgehen lassen.

Das zweite Erntefest, Mabon, bringt am 23. September die endgültige Ernte des Jahres; langsam kommen wir wieder in die Phase der Erholung. Dann geht es mit Samhain wieder von vorn los. Wenn es einem Paar gelingt, sein gemeinsames Leben in diesem Rhythmus zu führen, herrscht eine innere Harmonie; weder Ruhe noch Arbeit, weder Saat noch Ernte, weder männliche noch weibliche Bedürfnisse kommen zu kurz.

An dieser Stelle gilt zu beachten, dass die angegebenen Daten der Feste nur Richtwerte sind. Um den genau richtigen Zeitpunkt für das Fest zu finden, muss der Mond berücksichtigt werden. Die Schreibweisen und Namen der Feste variieren ein wenig je nach Quelle. Ich nutze hier die gebräuchlichsten Bezeichnungen. Für die Liebe spielen aber die Phasen zwischen den Festen letztlich eine größere Rolle. Die folgende Darstellung zeigt den Jahreslauf der Weisen noch einmal zur Verdeutlichung.

Samhain (31. Oktober) –
weibliche Energien auf dem Höhepunkt
Meditation, Ruhe, Entspannung, gemeinsame Freude am
Erreichten, gemeinsam zu sich finden

Jul (21. Dezember) –
erstes Aufleben der männlichen Energien
Vorfreude auf die hellere Zeit, gemeinsame Pläne und Visionen,
allmähliche Zunahme der Tatkraft

Imbolc (1. Februar) –
wachsende männliche Impulskräfte
Reinigung, Befreiung von Ballast, der sich angesammelt hat,
Schaffung von Freiräumen für neue Projekte und Ideen

Ostara/ Beltane (21. März) –
Gleichklang beider Energien
»Erstes Fruchtbarkeitsfest«, Beginn der neuen Projekte, erstes
Umsetzen der gemeinsamen Pläne und Vorhaben

Beltane (30. April) –
Zunahme männlicher Impuls- und Tatkraft
»Zweites Fruchtbarkeitsfest«, ähnlich wie Ostara

Litha (21. Juni) –
Höhepunkt der männlichen Energien
Arbeiten an gemeinsamen Visionen bis Lughnasad

Lughnasad (1. August) –
Zunahme der weiblichen Kraft
»Erstes Erntefest«, gemeinsame Ernte und Konservieren der Ernte

Mabon (23. September) –
Zunahme der weiblichen Kraft
»Zweites Erntefest«, ähnlich wie Lughnasad

Betrachte das folgende Beispiel eines Paares, das von einem Gewächshaus für exotische Nutzpflanzen träumt.

Es beginnt um Jul herum mit den ersten Ideen und mit vorsichtigen Plänen. Ab Imbolc räumt das Paar den Garten frei, um Platz für das Gewächshaus zu schaffen. Außerdem werden alte Sachen aus dem Keller auf dem Flohmarkt verkauft, damit das Geld für das Gewächshaus zur Verfügung steht. Der Bau beginnt zu Ostara, die Pflanzen werden zu Beltane gekauft und aufgestellt. Die beiden Erntefeste nutzt das Paar zur Ernte, die Früchte werden zwischen Lughnasad und Mabon haltbar gemacht. Bis Jul stehen sie dem Paar nun zum Genuss zur Verfügung.

Dieses Beispiel ist einfach zu verstehen, weil es sich um einen natürlichen Prozess handelt. Doch den Ablauf von Plan über Aussaat und Ernte bis zum Genuss kann man auf jedes Vorhaben übertragen. Das Klischee von der Frau, die immer renovieren will, und dem Mann, der sich nie aus seinem Sessel erhebt, brichst du damit endgültig auf. Das Leben im Jahreskreis der Weisen ist ein partnerschaftlicher und harmonischer Gleichklang beider Geschlechter.

Wichtig ist aber, dass der Jahreskreis eine Unendlichkeit beinhaltet, hier kann keine zeitliche Grenze gesetzt werden. Die Partner sind nicht oberflächlich durch gemeinsame Hobbys oder gemeinsame Interessen verbunden, sondern durch die Natur und ihren Lauf, dem sich beide hingeben und den sie gemeinsam erleben. Viele Streitpunkte fallen durch ein Leben im Kreislauf der Natur gar nicht erst an. Beispielsweise muss über den rechten Zeitpunkt einer Unternehmung oder eines Vorhabens gar nicht diskutiert werden. Und auch wenn sich ein Partner im Laufe der Liebe verändert, wird sich niemand so weit verändern, dass er den Kreislauf der Natur außer Kraft setzen könnte. In der Natur, im Ursprung allen Lebens, bleiben die Liebenden verbunden.

Suchen wir mit Mark Aurel, dem römischen Kaiser aus dem

zweiten Jahrhundert nach Christus, immer wieder nach dem Guten in uns, so werden wir es immer wieder finden und mit dem Geliebten teilen können.

»Blicke in dein Inneres! Da drinnen ist eine Quelle des Guten, die niemals aufhört zu sprudeln, solange du nicht aufhörst nachzugraben.«

RITUALE FÜR DIE ZWEISAMKEIT IM JAHRESKREIS

Rituale zu feiern ist eine gute Gelegenheit, sich auf Gemeinsamkeiten zu besinnen und den Alltag zu vergessen. Ich möchte dich ermutigen, dir Zeit für Rituale zu nehmen und diese Handlungen bestenfalls gemeinsam mit deinem Partner oder deiner Partnerin zu genießen. Doch auch wenn du keinen Partner hast oder er nicht mit dir feiern will, sind diese Rituale wichtig für dich. Schreib sie dann für dich um und erfreue dich daran, dass du auch Liebe fühlen kannst, wenn kein anderer Mensch bei dir ist.

Für jedes Fest habe ich ein kleines Ritual entwickelt. Es ist auch für moderne Menschen nicht schwer, diese kleinen Momente der Verbundenheit mit sich selbst, dem anderen und den natürlichen Rhythmen zu feiern. Sie bieten eine große Chance, einen Lebenstakt zu finden, der mit unsere Natur weit besser übereinstimmt als die Medienereignisse und Sportveranstaltungen. Du kannst ja auch einmal überlegen, wie viele dazu passende Rituale wir schon in unserer Kultur haben, nur werden sie wenig gepflegt und haben daher ihren Sinn verloren.

Samhainritual für die Zweisamkeit in der dunklen Jahreszeit

Feiert dieses Ritual abends oder in der Nacht bei zunehmendem, besser noch bei Neumond rund um den 31. Oktober. Ihr benötigt eine weiße Kerze und zwei grüne Kerzen. Außerdem braucht ihr zwei Blätter grünes Papier und zwei Federn mit Tinte, getrocknete Rosenblätter und zwei Rosenquarze. Ein ätherisches Öl, dass euch beiden gefällt, vielleicht Ylang-Ylang, und Zeit an einem ungestörten Ort sind ebenfalls notwendig. Stellt einen Kelch mit dunklem Rotwein bereit, wenn ihr mögt, Traubensaft eignet sich ebenso. Reinigt die Kerzen unter fließendem Wasser oder mit Salz. Nehmt ein Bad oder duscht vor dem Ritual. Trefft euch zu zweit an eurem Ritualort, den ihr vielleicht schon mit einem Teil der Rosenblätter dekoriert habt.

Ölt zu zweit die weiße Kerze ein und schweigt dabei. Nun ölt jeder eine grüne Kerze ein. Denkt dabei jeder für sich an die schönen Momente, die ihr in der Vergangenheit mit dem Partner erlebt habt. Zündet zu eurem Schutz die weiße Kerze an und die beiden grünen Kerzen als Symbol für die Liebe in euren beiden Seelen. Nun schreibt jeweils all die schönen Inhalte eurer Liebesbeziehung auf euer Blatt Papier. Nutzt auch abstrakte Begriffe wie Verständnis, Treue oder Geduld, wenn ihr solches voneinander erfahrt. Ihr beide streut nun Rosenblätter auf das Geschriebene, ohne die Zeilen des anderen zu lesen. Faltet beide eure Blätter zusammen und legt diese aufeinander. Rosenblätter werden von euch gemeinsam noch einmal darübergestreut, anschließend legt ihr beide eure Hände zum Schutz darüber. Haltet die Kerzen im Blick und sprecht dreimal zusammen den folgenden Zauberspruch:

»Götter des Himmels und der Erde –
Unsere Liebe beschützt nun werde.
Haltet Wache über uns beide –
Damit niemand unter Kälte leide.
Wir bleiben einander verbunden –
Bis die dunkle Zeit wieder verschwunden.
So sei es! So sei es! So sei es!«

Nun trinkt ihr gemeinsam aus dem Kelch und beendet das Ritual. Zur Verstärkung könnt ihr die Kerzen jeden Abend gemeinsam wieder anzünden und etwa eine Viertelstunde lang miteinander in die Flammen sehen. Wenn die Kerzen heruntergebrannt sind, solltet ihr keine Probleme mehr haben, die dunkle Jahreszeit zu überstehen.

Liebesritual zu Jul

Für dieses Ritual braucht ihr sieben rote Kerzen, einen Mistelzweig, zwei Holzscheiben (etwa 3 cm Durchmesser), einen schwarzen Filzstift und eine rote Kordel. Duscht oder badet vor dem Ritual. Ihr könnt die folgende Handlung gut in der Mittagszeit durchführen, denn Jul ist ein Sonnenfest. Neumond oder Vollmond sind optimal, abnehmenden Mond solltet ihr meiden.

Reinigt die Kerzen unter fließendem Wasser oder mit Salz. Stellt die Kerzen dann in einer Reihe auf und legt die Holzscheiben, den Stift und die Kordel bereit.

Während ihr die sieben Kerzen gemeinsam entzündet, sprecht ihr den folgenden Spruch:

»An jedem Tag zu jeder Stunde
gebe die Welt von unserer Liebe Kunde.
Wir wollen wachsen und größer werden
und unsere Liebe feiern hier auf Erden.
Es wird wieder hell in unserem Leben,
So kann es wieder Licht und Freude für uns geben.
So sei es! So sei es! So sei es!«

Dann zeichnet die Frau auf eine Holzscheibe das Zeichen für Männlichkeit, auf die andere Seite schreibt sie den Namen des Partners. Der Mann zeichnet auf die eine Seite der zweiten Holzscheibe das Zeichen für Weiblichkeit und schreibt ihren Namen auf die Rückseite. Beide Holzscheiben werden mit der Kordel an den Mistelzweig gebunden. Macht das auf jeden Fall gemeinsam und hängt den Zweig an einer zentralen Stelle in eurer Wohnung auf.

Liebesritual für die Reinigung zu Imbolc

Für dieses Ritual, das ihr nicht in der Wohnung durchführen solltet, ist abnehmender Mond eine gute Zeit, ebenso möglich sind Neumond und Vollmond. Ihr braucht eine feuerfeste Schale, Räucherkohle, getrocknete Salbei- und Basilikumblätter, einen Bogen Pergamentpapier, Feder und Tinte und drei gelbe Kerzen. Außerdem braucht ihr einen Nagel und ein großes Glas Wasser.

Stellt alles bereit und reinigt euch durch ein Bad oder eine Dusche. Reinigt die Kerzen unter fließendem Wasser. Lasst euch zu zweit an eurem Ritualplatz nieder und besprecht, was ihr beide aus eurem gemeinsamen Leben wegräumen wollt. Erzielt eine Einigung bei jedem einzelnen Aspekt. Wenn ihr euch in einem Punkt nicht einigen könnt, übergeht ihn einfach, vielleicht sieht es im nächsten Jahr zu Imbolc schon anders aus. Entzündet die Räucherkohle. Nun nehmt ihr die erste Kerze zur Hand und ritzt mit dem Nagel einen Pfeil hinein, dessen Spitze nach oben zeigt. In die zweite Kerze ritzt ihr einen Pfeil, dessen Spitze nach rechts weist, und in die letzte Kerze einen Pfeil, der nach unten gerichtet ist. Entzündet gemeinsam alle drei Kerzen nacheinander und sprecht dabei gemeinsam:

»Werden – wachsen – vergehen,
auf diesem Gesetz soll unsere Zukunft stehen.
Wir geben ab, was uns behindert,
denn Ballast unser Wachstum mindert.
In Freiheit wollen wir genießen,

Wohlstand und Liebe sollen überfließen.

So sei es! So sei es! So sei es!«

Danach schreibt ihr auf, was ihr vorher als Ballast erkannt habt, und gebt zuerst Salbei und Basilikum, danach das Pergament mit eurer Liste auf die Räucherkohle. Lasst die Kohle ausglühen und erspürt in Gedanken schon einmal das Gefühl der neuen Freiheit.

In den nächsten Wochen solltet ihr euer Vorhaben umsetzen und vom Sperrmüll bis zum Großputz alles in die Wege leiten, was ihr euch in diesem Ritual vorgenommen habt.

Ostarazauber für ein Liebespaar

Das folgende Ritual ist eher eine Meditation für zwei, aber es macht Freude und kann sehr wirkungsvoll sein. Ihr braucht nur die Schale eines Hühnereis und eine weiße Kerze sowie etwas Papier und eine Feder. Die Schale wird in zwei Hälften geteilt, die immer noch gut aneinanderpassen.

Ihr überlegt euch nun gemeinsam bei Kerzenschein, was ihr gern zusammen aussäen möchtet, um es im Herbst zu ernten. Bleibt dabei realistisch und nehmt euch nichts vor, was ihr nicht schaffen könnt. Es geht nicht um ein Wunschritual, sondern um eine Verpflichtung euch selbst gegenüber. Dann schreibt ihr euer Vorhaben auf das Papier und faltet den Zettel so klein zusammen, dass er in das Ei passt. Schließt die Schale und lasst Kerzenwachs als Versiegelung auf die Naht tropfen. Wenn euer Ei wieder geschlossen ist, legt ihr es in euren magischen Raum und visualisiert regelmäßig, was ihr unternehmt, um es reifen zu lassen. Im Herbst könnt ihr bei einem Erntefest nachschauen, ob ihr eurem Vorhaben treu geblieben seid.

Liebesritual zu Beltane

Beltane ist ein wirklich schönes Fest für ein Liebespaar. Die ausgelassene Stimmung dieses zweiten Fruchtbarkeitsfestes solltet ihr euch auf keinen Fall entgehen lassen. Ihr braucht für dieses Ritual magische Gegenstände für die einzelnen Elemente, also einen Kelch mit Wasser, eine Räucherschale mit Räucherkohle und einer Räuchermischung aus Rosmarin, Eichenrinde und Eisenkraut, eine weiße und eine rote Kerze und eine rote Rose. Außerdem braucht ihr entweder Musikinstrumente oder Rasseln, Trommeln oder Ähnliches.

Reinigt euch vor dem Ritual und ölt eure Körper gegenseitig mit einem wohlriechenden Öl ein. Für dieses Ritual solltet ihr euch einen Ort aussuchen, an dem ihr ein wenig lauter feiern könnt. Diesen Ort schirmt ihr mit einem Kreis aus Salz ab. Stellt die Räucherschale in die Mitte und die anderen magischen Gegenstände dazu. Ruft gemeinsam die Kräfte des Universums an, während ihr die weiße Kerze anzündet. »Ihr Kräfte von Feuer, Wasser, Erde und Luft, wir rufen euch für unsere Liebesmelodie, bewahrt unsere Freude in ewiger Harmonie.«

Nun eröffnet die Räucherung und trinkt aus dem Kelch. Nehmt eure Instrumente zur Hand und beginnt, miteinander frei zu musizieren. Lasst euch Zeit, euch aufeinander einzustellen. Auch diejenigen, die keine Erfahrungen mit Musik haben, können diese Aufgabe lösen. Wenn ihr das Gefühl habt, eure ganz eigenen Klänge und Rhythmen gefunden zu haben, sprecht oder singt im Takt der Musik den folgenden Zauberspruch:

»Nie vergehe dieser Klang,
er trägt die Schritte lebenslang.
Immer wieder tönt die Weise,
manchmal laut und manchmal leise.

Liebe soll ihr Taktmaß sein
Und die Töne klar und rein.
So sei es! So sei es! So sei es!«

Wenn ihr das Ritual beenden wollt, nehmt euch jeder ein Blatt der Rosenblüte als Erinnerung, die ihr bis zum nächsten Beltane bewahrt, und entlasst die Kräfte des Universums gemeinsam mit den folgenden Worten:

»Ihr Kräfte von Feuer, Wasser, Erde und Luft,
wir danken euch für unsere Liebesmelodie,
bewahrt unsere Freude in ewiger Harmonie.«

Liebesritual zu Litha

Zu Litha sind die männlichen und die weiblichen Energien gleich stark. Ein schöner Grund, ein gemeinsames Ritual zu feiern. Es liegt in der männlichen Zeit, daher kann es durchaus auch eine aktive Meditation beinhalten. Während ihr die bisher aufgeführten Jahreskreisrituale auch in der Gruppe feiern konntet, ist dieses Litharitual nur für ein Paar geeignet. Besorgt euch Johanniskrautblüten und gelbe Kerzen. Außerdem braucht ihr eine Vanilleschote, einen Rosmarinzweig, einen Lavendelzweig und etwas Goldenes und etwas Silbernes. Ihr könnt auf Metallfolie aus dem Bastelgeschäft zurückgreifen. Zudem benötigt ihr eine hübsche Glasflasche mit Verschluss und reinen Alkohol aus der Apotheke (Ethanol).

Nun zündet die Kerze an und beginnt damit, die Zutaten in die Flasche zu füllen, so dass es hübsch aussieht. Zum Schluss füllt ihr den Alkohol ein. Macht euch bewusst, dass ihr die Sonnenkraft (Johanniskraut), die körperliche Liebe (Vanille), die geistige Liebe (Rosmarin) und die seelische Liebe (Lavendel) in der Flasche bewahrt, dazu männliche und weibliche Qualitäten (Gold und Silber). Nun legt ihr beide eure Hände um die Flasche und sprecht:

>»Liebe in weiblicher und männlicher Gestalt
diese Flasche uns mit Kraft und Licht erhalt.
Was immer wir brauchen, werden wir haben
und an Liebe sollen wir miteinander beständig erlaben.
So sei es! So sei es! So sei es!«

Stellt die Flasche an einem gut sichtbaren Ort auf und pflegt sie regelmäßig, indem ihr darauf achtet, dass sie nicht verstaubt oder zugestellt wird.

Liebesritual zu Lughnasad

Lughnasad ist das erste Erntefest und sollte in ausgelassener Stimmung gefeiert werden. Wenn ihr Lughnasad zu zweit feiern wollt, begeht dieses Fest mit einem gemeinsamen Kochen und Essen. Nun könnt ihr beispielsweise überprüfen, was aus eurer Saat zu Ostara geworden ist. Genießt eure Ernte, indem ihr sie euch vor Augen führt. Dann begebt ihr euch an euren magischen Ort und entzündet die Kerze. Räuchert Sandelholz und Weihrauch und lasst Musik laufen, die euch tanzen lässt. Seid einfach nur gut gelaunt und stolz auf euch. Erzählt euch gegenseitig, wie erfolgreich, fleißig und liebenswert ihr seit Beltane gearbeitet und gewirkt habt. Übt euch in Komplimenten und lasst einmal wirklich nichts Negatives, Kritisches oder Destruktives zu.

Das liest sich leicht, doch meistens fällt es Paaren schwer, ausgelassen und fröhlich zu sein, ohne dass der eine oder der andere einen Schatten sieht. Wenn ihr es geschafft habt, euch freizutanzen, schickt ihr einen Dank in alle Richtungen des Universums. Macht die Musik leiser, sammelt euch vor euren magischen Utensilien und sprecht gemeinsam:

»Ihr Kräfte des Wassers, der Erde, der Luft und des Feuers,
im Sonnenschein, im Mondlicht, bei Tag und bei Nacht,
gebt auf unsere Liebe Acht.
Wir sind ein Paar in glücklichen Stunden
und auch in der Not durch Freude verbunden.
Habt Dank für eure Gaben,
die wir durch unsere Arbeit uns wohl verdienet haben.
So sei es! So sei es! So sei es!«

Liebesritual zu Mabon

Für dieses Ritual benötigt ihr Sonnenblumenkerne aus der Samen-
handlung, eine weiße Kerze, zwei rote und zwei dunkelblaue Kerzen, eine Räucherschale mit Kohle und getrocknete Sonnenblumenblätter. Außerdem braucht ihr Lavendel und Sandelholz, einen
Kelch mit Wasser, eine Feder und eine kleine Holzkiste oder Ähnliches. Dieses Ritual benötigt eine gewisse Vorbereitungszeit, plant
also ruhig ein ganzes Wochenende dafür ein, nämlich einen Tag
zum Vorbereiten und den nächsten Tag für das Ritual selbst. Jeder
von euch macht sich in der Vorbereitung für sich allein deutlich,
was er zu Mabon ernten kann, um es der Zweisamkeit für die dunkle Jahreszeit zu schenken. Hier geht es zwar auch um materielle
Werte wie Geld oder ein neues Auto, das im Sommer angeschafft
wurde, doch gleichzeitig sind die ideellen Werte ganz wichtig. Vielleicht habt ihr tanzen gelernt oder du oder dein Partner, deine Partnerin im Sommer eine Ausbildung beendet? Vielleicht hat es einer
von euch endlich geschafft, sich von seinen Eltern zu lösen, oder ihr
beide habt die Fähigkeit erworben, euch zu entspannen? Für jeden
dieser Aspekte nimmt jeder von euch einen Sonnenblumenkern.
Notfalls notiert ihr euch eure Ernte, wenn ihr euch nicht alles
merken könnt.

Zum Ritual selbst reinigt ihr euch gründlich unter der Dusche und stellt die magischen Gegenstände bereit. Reinigt auch die Kerzen und das Holzkästchen mit Salz. Zieht einen Schutzkreis und zündet die weiße Kerze an. Ruft die Kräfte des Universums gemeinsam an:

»Ihr Kräfte des Lichtes und des Wachsens, wir rufen euch, um euch zu danken.«

Dann streut ihr die Sonnenblumenblätter auf die Kohle, dazu Lavendel und Sandelholz. Nun beginnt der männliche Partner, indem er seine Sonnenblumenkerne in das Holzkästchen legt und seine Ernte dabei aufzählt. Er spricht:

»Die Kräfte in mir konnten all das gewinnen.
Ich danke euch dafür und lasse es nicht zerrinnen.«

Er zündet nun eine blaue und eine rote Kerze an. Ebenso verfährt die Frau mit ihrer Ernte.

Ihr legt nun beide eure Hände auf das Kästchen und sprecht den alten Zauberspruch: »Sator arepo tenet opera rotas«, und zwar so lange, bis eure Köpfe frei von allen Gedanken sind. Dann tropft ihr mit einer roten (der Mann) und einer blauen Kerze (die Frau) das Pentagramm auf den Deckel des Kästchens und stellt es in euren magischen Raum.

AUFGABENTEILUNG UND SELBSTVERSTÄNDNIS

Zur Aufgabenteilung in der weisen Beziehung dürfte nun schon gar nicht mehr viel gesagt werden müssen. Es gilt, dass es keine Männer- oder Frauenarbeit gibt, lediglich Aufgaben, für die mehr männliche Energie benötigt wird, und Aufgaben, die viel weibliche Energie erfordern. Ein weises Paar hat sicher keine Probleme bei der Aufgabenteilung. Warum sollte er in einem schlecht bezahlten Job arbeiten, nur damit sie die Hausfrauenrolle übernehmen kann? Hier ist die Qualität, die hinter den Aufgaben steckt, von großer Bedeutung. Du kannst nicht in einen Kampf gegen deinen Partner oder deine Partnerin eintreten, wenn du eine Liebesbeziehung erleben willst. Verteilt die Aufgaben daher nicht untereinander, indem ihr sie hin- und herschiebt und am Ende doch nichts erledigt wird. Verschaffe dir gemeinsam mit dem Geliebten einen Überblick über die Aufgaben, verteilt sie dann auf den Jahreskreis und auf den Wochenrhythmus der Weisen. So kann euch alles gelingen, was ihr für eure Liebe benötigt, gleichzeitig vermeidet ihr Streit und Disharmonie.

Schwieriger ist es mit dem Selbstverständnis. Schon an anderer Stelle habe ich über den Unsinn von Rollen geschrieben. Bei der Betrachtung des Selbstverständnisses wird dieser Aspekt wieder von zentraler Bedeutung sein. Nimm dir ein Beispiel an den Weisen aus unserer Vorzeit. Es gab nicht so viele Möglichkeiten, sich selbst zu definieren, und vor allem gab es weniger Rollen. Unsere Vorfahren waren nicht Verbraucher, Konsument oder Vereinsmitglied, schon gar nicht Punktesammler oder Rabattjäger. Wir erfüllen heute in unserem sozialen oder wirtschaftlichen Umfeld viel mehr Aufgaben für andere, ohne dass wir diese anderen überhaupt wahrnehmen. In der Liebe kann das Verständnis von euch selbst nur sein: Ich bin. Begreife dich als einen Teil der Schöpfung, der sich mit ihr im Fluss und im Wandlungsprozess befindet. Deine Liebe ist der Fluss, der dich trägt, und das mit Sicherheit und Geborgenheit. Ich weise noch einmal deutlich darauf hin, was mit diesem Satz gemeint ist: Deine Liebe, nicht die deiner Partnerin oder deines Partners, ist es, was dich trägt. Wenn du liebesfähig bist und ein offenes Herz hast, wirst du in Liebe leben und handeln können. Für die Liebe brauchst du unbedingt deine Herzensenergie. Besiegele dieses Selbstverständnis in der folgenden magischen Handlung und erinnere dich stets daran, wenn von außen Kräfte auftreten, die dir jede mögliche Rolle zuschieben, bei der du die Liebe zu dir selbst und auch die Liebe zu deinem Partner oder deiner Partnerin hintanstellen sollst.

Magisches Siegel

Für diese Übung brauchst du zwei Bögen (Pergament-)Papier, eine Feder und entweder ein Siegel mit Wachs oder einen Stein und eine Kerze sowie eine schwarze Kordel.

Zünde die Kerze an und schreibe den folgenden Text auf Papier.

»Ich bin!
Ich bin – so wie der Baum einfach ist.
Ich bin – so wie der Fluss einfach ist.
Ich bin – so wie der Berg einfach ist.
Ich bin und das Feuer der Liebe lodert in mir.
Ich bin der Baum, der Fluss, der Berg in Liebe und Vertrauen.«

Jetzt zeichnest du einen Menschen (dich selbst), einen Fluss, einen Baum, einen Berg und die Sonne (oder ein Herz oder Flammen) für das Feuer der Liebe auf den anderen Papierbogen, faltest und versiegelst ihn und bindest mit der schwarzen Kordel einen Knoten darum, zum Schutz gegen alles, was dir als Rolle aufgedrückt werden soll. Trage dieses versiegelte Papier stets bei dir und erinnere dich daran, dass dir Außeneinflüsse nichts anhaben können, wenn dir nur bewusst ist: Ich bin!

Außerhalb der Jahreskreisfeste könnt ihr Rituale immer dann feiern, wenn ihr einen Grund zu Dankbarkeit oder eine Bitte habt. Ihr könnt gemeinsame Rituale feiern, wenn es in eurer Zweisamkeit darum geht, mehr Energie zu euch zu holen. In diesem Kapitel möchte ich mich zwei ganz wichtigen Aspekten der Zweisamkeit widmen, der Sexualität und der Kommunikation. Eine lebendige und abwechslungsreiche Sexualität zu erhalten, fällt manchen Paaren nach ein paar Monaten oder Jahren häufig schwer. Oft spielen Stress und Belastung im Alltag eine große Rolle, wenn die körperliche Anziehung nachlässt. Sexualität ist ein natürlicher Ausdruck der Einigkeit und die Erfüllung unserer körperlichen Bedürfnisse. Feiert eines der folgenden Rituale, wenn ihr eure Erotik neu beleben wollt, und nutzt einen Freitag bei zunehmendem Mond, wenn euch das möglich ist.

An dieser Stelle möchte ich euch ermutigen, selbst Rituale zu entwickeln. Auf der Basis der vier Elemente Feuer, Wasser, Erde und Luft ist es sicher eine schöne Aufgabe, ein Ritual zu finden, dass ganz und gar euren Vorstellungen entspricht. Eine weiße Kerze gewährt euch grundsätzlich Schutz bei eurer Handlung, ihr solltet auf Reinlichkeit achten. Besprecht gründlich, was ihr zelebrieren wollt, und wählt eure Utensilien sowie Zeit und Ort mit Bedacht. Legt die Hexenregel »Beherrsche die Regeln deiner Hexenkunst« zugrunde. Die Kräfte des Universums werden euch kleine Fehler gern verzeihen, denn auch das Universum hat nur ein Ziel, nämlich die Liebe.

Ritual zur Dankbarkeit für den Körper

Ihr braucht für dieses Ritual eine hellgrüne und eine orangefarbene Kerze, einen Kelch mit Wasser oder rotem Wein, eine Räuchermischung aus Sandelholz und Kardamom mit Räucherschale und

Räucherkohle sowie eine Feder. Außerdem solltet ihr Distelöl bereitstellen und einen bequemen Ort aufsuchen, denn dieses Ritual hat mit gegenseitiger Massage zu tun.

Reinigt euch und eure Ritualgegenstände, bevor ihr beginnt. Jeder von euch entzündet eine der Kerzen und spricht dabei: »Ich bin dankbar, dass ich mich an Körperlichkeit erfreuen kann. Ich bin ein Kind der Schöpfung.« Nun gebt die Räuchermischung auf die Kohle und einigt euch, wer von euch beginnen soll. Der andere legt sich auf den Bauch und wird von seinem Ritualpartner mit der Feder einmal vom Scheitel bis zu den Füßen berührt. Dabei spricht der aktive Partner: »Du bist ein Kind der Schöpfung und ich freue mich, dich genießen zu dürfen.« Danach greift er zum Distelöl und massiert ihr mit Ruhe und Bedacht Rücken, Arme, Beine, Po und Füße. Dabei ist die Konzentration auf den Partner wichtig, die Wertschätzung und die Aufmerksamkeit sowie die Hingabe an diese liebevolle Handlung. Nimm den Körper des geliebten Menschen wahr, mit den Händen, den Augen, mit dem Geruchssinn, mit den Ohren. Sprecht über den Anfangssatz hinausgehend nicht und haltet eure Gedanken so gut es geht zusammen. Dann werden die Positionen getauscht. Wenn beide fertig sind, setzt euch aufrecht hin und reicht euch die Hände. Jeder visualisiert für sich, dass der andere ihm als Geschenk für körperliche Freuden auf den Weg gegeben wurde. Die meisten Paare beenden dieses Ritual auf ihre ganz eigene Weise bis zur vollkommenen Befriedigung … An dieser Stelle brauchen Liebende keine weitere Anleitung mehr!

Ritual für erotische Stunden

Bei diesem Ritual stand das Hohelied der Liebe aus dem Alten Testament Pate. Bereitet euch vor, indem ihr eine Einkaufsliste zusammenstellt. Kauft Lebensmittel, die ihr mit dem Körper des geliebten Menschen in Verbindung bringen könnt. Besorgt süße

Früchte, erotisch anmutendes Gemüse wie Spargel und Feigen, das mit seiner Form der menschlichen Schamregion gleicht, oder saftiges Obst, das an die Flüssigkeiten des Körpers erinnert.

Reinigt euch unter der Dusche von allen Alltagsgedanken und Sorgen. Dann richtet die Nahrungsmittel gemeinsam hübsch an, am besten auf einer kupferfarbenen Platte oder einem orangefarbenen Teller. Stellt Zimt, Vanille und Kardamom als Würzstoffe bereit. Ihr braucht zusätzlich eine rote, einen orangefarbene, eine hellgrüne und eine weiße Kerze sowie ätherisches Öl wie Ylang-Ylang oder Vanille, je nach eurem Geschmack. Außerdem solltet ihr einen Becher mit sehr süßem Wein oder einem süßen Fruchtsaft bereitstellen. Für euren Schutzkreis benötigt ihr zudem ein Stück Kreide oder Salz.

Feiert dieses Ritual getrost im Schlafzimmer. Stellt alles auf den Boden oder das Bett, jedoch in greifbare Nähe. Reicht euch die Hände und betretet den Raum ohne Kleidung. Dann zieht eine Schutzlinie an der Schwelle des Raumes. Der magische Kreis ist in diesem Fall das ganze Zimmer. Wenn ihr den Schutz hergestellt habt, entzündet die Kerzen unter der folgenden Formel.

»Kräfte der Erde und des Lebens, wir rufen Euch herbei (rot).
Kräfte der Kraft und der Lust, wir rufen Euch herbei (orange).
Kräfte der Liebe und der Freude, wir rufen Euch herbei (grün).
Kräfte des Himmels und des Lichts, wir rufen Euch herbei (weiß).«

Sind die Kerzen entzündet, gebt ihr beide jeweils zwei Tropfen ätherisches Öl auf eure Hände und reibt das Öl in die Leisten des Partners. Dann sprecht gemeinsam den folgenden Zauberspruch:

»Liebe soll sein im Herzen –
Liebe soll sein im Leib –
Liebe soll sein im Verstand –
Liebe soll sich zeigen mit Herz und mit Hand.
So sei es! So sei es! So sei es!«

Füttert euch gegenseitig mit den Nahrungsmitteln und sprecht darüber, welche erotischen Ideen ihr vielleicht entwickeln könnt oder wollt. Trinkt zum Abschluss aus dem Becher und überlasst euch dem weiteren Verlauf der Situation. Mit dem Löschen der Kerzen wissen die gerufenen Kräfte, dass sie sich entfernen dürfen.

Magischer Ring für Kommunikation

Besorgt euch biegsame Zweige, Bindedraht, getrocknete Rosenblätter und Papier. Setzt euch zu zweit an einen Tisch und windet gemeinsam aus den Zweigen einen Ring von etwa zehn Zentimetern Durchmesser. Besprecht dabei, wie ihr euch eure Kommunikation wünscht, zum Beispiel offen, ehrlich, herzlich, harmonisch und so weiter. Jeden dieser Begriffe schreibt ihr auf ein Stück Papier. Bindet nun diese Begriffe und die Rosenblätter in den Ring ein. Ihr könnt für eine lebendige Kommunikation auch bunte Perlen, Bänder, getrocknete Blüten und Kräuter einarbeiten.

Nun braucht ihr eine weiße Kerze, einen Kelch mit Wasser, eine Feder und Salz. Legt alles in die Mitte eures Tisches oder Altars, stellt euch dazu und zieht mit dem Salz einen Kreis um euch. Ruft gemeinsam die Lichtwesen aus dem Universum, während ihr die weiße Kerze anzündet.

»Ihr Kräfte der Schöpfung wir rufen Euch und bitten um Licht, Schutz und Kraft für unser Werk.«

Nehmt euren Ring gemeinsam in die Hände, und zwar so, dass

jeder beide Hände benutzt. Dann sprecht gemeinsam den folgenden Zauberspruch:

»Munter wie der Fluss – fest wie ein Stein –
klar wie die Luft soll unsere Rede sein.
Die Leidenschaft uns zu verbinden
wärmt wie Feuer und ließ diesen Ring uns winden.
So sei es! So sei es! So sei es!«

Verweilt, solange ihr mögt, in Gedanken an eure lebendige Kommunikation und entlasst dann die Lichtwesen, während ihr die Kerze löscht, mit der Formel:
»Ihr Kräfte der Schöpfung wir danken Euch für Licht, Schutz und Kraft für unser Werk.«
Hängt den Ring an einem geeigneten Ort auf, an dem ihr beide ihn oft sehen könnt. Erneuert ihn, wenn er euch nicht mehr gefällt, weil er angestaubt oder unansehnlich geworden ist.

4

GEMEINSAME ÜBUNGEN FÜR MEHR HARMONIE IN DER PARTNERSCHAFT

Moderne Menschen regeln oft sehr viel über den Verstand. Zumindest glauben sie, über den Verstand ihre Angelegenheiten regeln zu können. Niemand kann sich sein Leben erdenken, zumindest nicht mit der Ratio. Es nützt gar nichts, Bücher über Sexualität, Kommunikation oder Zweisamkeit zu lesen und dann nicht zum aktiven Handeln überzugehen. Wenn du eine liebevolle Begegnung mit einem anderen Menschen erleben willst, musst du wohl oder übel auch deinen Körper dafür nutzen, du musst ihm entgegengehen. Und das gilt nicht etwa im übertragenen Sinne, sondern ganz konkret. Als die Menschen noch keinen Zugang zu weltweiten Bibliotheken hatten, noch nicht jeder seinen Privatanalytiker im Telefonregister stehen hatte und das Wort »intellektuell« noch nicht in aller Munde war, gab es auch schon Liebe, und in diesen alten Zeiten waren die Menschen in der Lage, bahnbrechende Dinge zu erfinden und weit reichende Erkenntnisse zu gewinnen, von denen wir heute noch zehren. Sie bewegten sich wie Sokrates mit seinen Schülern, die im Gehen dachten und diskutierten. Sie nutzten ihre Körper viel intensiver als wir heute, dennoch konnten sie durchaus geistige Leistungen vollbringen. Wir leben im Kopf wie Gehirne in Einmachgläsern und wundern uns, dass wir das Gedachte nirgendwo in der Außenwelt, in der körperlichen Welt finden. Wir müssen wieder lernen, die Inhalte aus unserem Gehirn nach außen zu tragen, und zwar zu Fuß und mit unseren eigenen Händen. Deshalb halte ich Rituale für wichtiger als Meditationen und Übungen für neue Verhaltensweisen für unerlässlich. Wir können nicht immer nur lernen, wir müssen unser Wissen Schritt für Schritt anwenden.

Die Übungen zur Achtsamkeit sollten von beiden Partnern durchgeführt werden, denn nur, wenn beide achtsam mit sich und dem Partner umgehen, kann diese Tugend auch in der Praxis gelebt werden. Übrigens gab es diese Forderung hinsichtlich der körperlichen Liebe schon im »Rosenroman«, der im 13. Jh. entstand:

»Und wenn sie (Mann und Frau) sich ans Werk (Geschlechtsakt) gemacht haben, dann handele ein jeder von ihnen so klug und so genau, dass es nicht fehlen kann, dass der Genuss der einen und der anderen Seite sich gemeinsam einstellt, bevor sie von dem Werk gelassen haben, und sie müssen gegenseitig auf den andern warten, um gemeinsam ihrer Grenze zuzustreben. Der eine darf den anderen nicht verlassen, und sie dürfen nicht aufhören zu schwimmen, bis sie gemeinsam zum Hafen gelangen: Dann werden sie vollständige Lust haben.«

Achtsamkeitsübung 1 – Bleibt synchron

Nur wenn du dir in etwa ein Bild vom Tagesablauf des Partners machen kannst, vermagst du auch synchron, das heißt zeitlich parallel, zu leben. Frage dich auf der Arbeitsstelle oder zuhause, was der andere wohl jetzt gerade tut. Stelle dir diese Frage einmal in der Stunde und schreibe deine Gedanken dazu auf. Wenn du zum Tagesabschluss gemeinsame Zeit mit deinem Partner oder deiner Partnerin verbringst, vergleicht ihr eure Aufzeichnungen mit der Realität des Partners. Ihr werdet merken, wie wenig ihr manchmal voneinander wisst.

Lebt ein Paar aber nicht synchron, stellt sich schnell das Gefühl ein, man lebe gewissermaßen nur nebeneinanderher. Und schnell geschieht es dann, dass du und der geliebte Mensch an deiner Seite euch voneinander entfernt, weil ihr zu lange in getrennten Welten gelebt habt.

Achtsamkeitsübung 2 – Zuhören

Wenn du dich mit deinem Partner unterhältst, achte darauf, ihm in die Augen zu schauen. Gewöhne dir an, einen Teil seiner Aussage zu wiederholen, wenn du ihm antwortest. So entgehst du der Gefahr, ihn zu überhören und nur deine eigenen Gedanken in den Vordergrund zu stellen. Ein schlechtes Beispiel wäre der Dialog, der so verläuft wie bei Bettina und Ralf, zwei jungen Leuten, die seit drei Monaten zusammenwohnen.

Ralf: »Ich habe heute kaum noch Lust, etwas zu unternehmen, es war total anstrengend im Dienst.«
Bettina: »Ich hatte auch einen harten Tag.«
Ralf: »Am liebsten möchte ich nach dem Essen sofort ins Bett gehen.«
Bettina: »Ich auch.«

Pause

Bettina: »Morgen muss ich unbedingt einkaufen, aber ich habe das Gefühl, urlaubsreif zu sein.«
Ralf: »Ich auch.«

Besser läuft es, wenn Achtsamkeit in das Gespräch eingebracht wird.

Ralf: »Ich habe heute kaum noch Lust, etwas zu unternehmen, es war total anstrengend im Dienst.«
Bettina: »Was genau war denn so anstrengend?«

Ralf: »Wir hatten einen Qualitätsprüfer in der Abteilung und jetzt bin ich total ausgelaugt.«

Bettina: »Ja, ich kann das nachvollziehen, ich hatte heute auch kaum Zeit zum Luftholen, bei uns waren zwei Leute krank.«

Ralf: »Wenn du auch so überlastet bist, sollten wir vielleicht nach dem Essen sofort schlafen gehen.«

Bettina: »Gute Idee, lass uns Essen machen. Morgen muss ich einkaufen, aber ich fühle mich zurzeit total urlaubsreif.«

Ralf: »Ja, wir können ja mal nachdenken, ob wir wenigstens für ein verlängertes Wochenende wegfahren wollen. Urlaub würde mir auch gefallen. Wo möchtest du denn hin?«

Das zweite Gespräch prägt Achtsamkeit, nicht nur das egoistische Mitteilen eigener Belange. Achte in der Unterhaltung darauf, deinem Partner oder deiner Partnerin auch zu antworten und ihm nicht nur Brocken, die du loswerden willst, vor die Füße zu werfen.

ÜBUNGEN DER WERTSCHÄTZUNG

Wertschätzung ist eine große Fähigkeit, von der jeder erst einmal vordergründig denkt, dass er sie einbringen kann. Übe dich in Wertschätzung, indem du nicht versäumst, deinem Partner oder deiner Partnerin Komplimente zu machen. Gewöhne dir für dich selbst an, das Gute am Anderen zu benennen. Wann hast du zum letzten Mal gut von deinem Partner gesprochen? Sind wir nicht eher redebereit, wenn es um die Fehler und Fauxpas des Geliebten geht?

Liebesbriefe schreiben

Um Wertschätzung zu zeigen, sollten wir zu ganz klassischen Mitteln greifen, die leider heute kaum noch genutzt werden. Da ist beispielsweise der altbewährte Liebesbrief, in dem die Schönheit und die Liebenswürdigkeit des geliebten Gefährten bzw. der Gefährtin gelobt und beschrieben werden. Ich bin immer wieder verwundert, dass manche Paare sich nicht ausreichend lieben, um einmal 200 Wörter in einer gepflegten Handschrift auf einen hübschen Briefbogen zu schreiben. Über ein »IHDL« per SMS geht bei vielen die Liebe nicht hinaus. Als Mensch, der die Bedeutung der Liebe für alle Lebewesen kennt, weiß ich immer nicht, ob ich darüber lachen oder weinen soll. Die meisten schreiben lieber Einkaufslisten als Liebesbriefe. Und selbst die netten, oft albernen Kärtchen mit freundlichen Liebesversen, die man an jeder Ecke kaufen kann, werden nicht oder nur selten genutzt. Klar, warum sollte jemand wertgeschätzt werden, der sowieso zu einem gehört? Diese fehlende Wertschätzung ist ein großer Verlust in der Kultur der Liebe, ebenso wie in der Gesellschaft allgemein.

Nutze die alte Methode der Liebesbriefe wieder, du wirst sehen, wie sehr du deinen Partner oder deine Partnerin damit erfreuen kannst.

Danken

Danke deinem Partner oder deiner Partnerin regelmäßig. Mache dir bewusst, was du durch ihn erlebst, wobei er dich unterstützt und welche Freude du mit ihm erleben darfst. Bedanke dich bei ihm ganz gezielt, vielleicht mit Worten, aber auch mit Taten. Koche dem Mann, der deine kleinen Macken liebevoll toleriert, doch einfach mal sein Lieblingsgericht, auch wenn es nicht gesund und ernährungsphysiologisch korrekt ist. Bedanke dich bei der Frau, die du liebst, doch einmal mit einem Candlelight-Dinner, weil sie immer Verständnis aufbringt, wenn du schon wieder die wichtigsten Kommunikationsregeln vergessen hast. Dankbarkeit ist eine Tugend, wenn sie abhandenkommt, hat das Handeln des Menschen keinen Wert mehr.

ÜBUNGEN DER HINGABE

Hingabe hängt stark mit der Fähigkeit zusammen, die Kontrolle aufzugeben. Wer von Komplexen und Ängsten gequält wird, kann sich nicht hingeben. In der weißen Magie geht es unter anderem um die Transformation der Angst in Liebe und nirgendwo kann dieses magische Werk besser eingesetzt werden als in einer Liebesbeziehung, in der beide Partner sich vertrauensvoll begegnen. Hier können zwei Menschen lernen, dass Hingabe nicht mit Aufgabe verbunden ist. Nur in der Liebe ist es möglich, einen Gewinn zu erzielen, ohne strategisch und kontrolliert vorzugehen. Leider haben viele Liebende diese Fähigkeit schon weit vor der Beziehung verloren. Sie verbinden eine Beziehung mit Schmerz, Enttäuschung und Trauer. Von dieser alten Prägung muss Abstand gewonnen werden, indem langsam und Schritt für Schritt neue Erfahrungen gesammelt werden. Hingabe ist aber nur möglich, wenn der andere Achtsamkeit und Wertschätzung bewiesen hat, schließlich will niemand sich hingeben, wenn er ein Risiko fürchten muss. Wenn du dir wünscht, dass dein Partner oder deine Partnerin sich dir und eurer Liebe hingeben kann, darfst du ihn oder sie keine schlechten Erfahrungen im Umgang mit dir sammeln lassen. Sei also achtsam und übe dich gründlichst in Wertschätzung, bevor du Hingabe erwartest oder erbittest. Die folgenden Übungen können euch beide langsam an die Hingabe, die viel mit Vertrauen zu tun hat, heranführen.

Weiblicher/männlicher Tag

Nutzt für diese Übung den Sonntag oder den Montag. Wenn er sich hingeben soll, nutzt sie den Montag und gestaltet diesen Tag oder die Stunden davon unter dem Zeichen der Weiblichkeit. Es wird eine feste Zeit vereinbart, in der sie zuständig ist für das gemeinsame Unternehmen und Handeln. Vielleicht wird sie zur Bewahrung von Erinnerungen Fotos mit ihm einkleben oder sie wird mit ihm Kräutersträuße zum Trocknen binden. Vielleicht wird sie auch mit ihm einen Spaziergang an dem Ort vorschlagen, an dem sie sich zum ersten Mal geküsst haben. Wenn sie sich hingibt, wird er einen Sonntag wählen und vielleicht einen neuen Saunapark besuchen, mit ihr gemeinsam Erinnerungsfotos machen oder nach dem neuen Familienwagen suchen. Lass den Geliebten seine Energien ausleben und sei ihm oder ihr dabei Gefährtin bzw. Gefährte. Eure Liebe braucht diese Kräfte, bedanke dich bei dem anderen dafür, dass er sie zur Verfügung stellt.

Hingabe bei Kerzenschein

Die Kontrolle haben wir normalerweise besonders gern, wenn es um elementare Aspekte unseres Lebens geht. Bekocht euch abwechselnd, aber überrascht den anderen mit einem Gericht, von dem ihr annehmt, dass er es besonders gern mag. Lasst euch gegenseitig mit verbundenen Augen essen oder füttert euch liebevoll und zärtlich. Wenn diese Übung zu schwer scheint, esst beim Schein einer einzigen Kerze.

Das mag sich komisch lesen, doch wenn ihr euch so sehr vertraut, dass ihr ohne Kontrolle essen könnt, seid ihr auf dem Weg der Hingabe sehr weit gekommen.

Hingabe im Wald

Führt euch nachts mit verbunden Augen gegenseitig durch den Wald. Behütet und beschützt euch gegenseitig und lernt so, dass ihr euch blind auf den anderen verlassen könnt. Derjenige, der den anderen führt, riskiert nichts, er bleibt immer auf dem sicheren Weg, nur so könnt ihr euch das Gefühl vermitteln, dass ein Kontrollverlust kein Risiko darstellt, wenn man sich dem richtigen Menschen hingibt.

Um Hingabe mit den Mitteln der Natur zu lernen, könnt ihr eine Teemischung gemeinsam trinken. Gerade wenn ein Mensch ruhig und gelassen ist, lässt sich Hingabe leichter lernen.

5

ÜBUNGEN FÜR MÄNNER
ZUR ENTFALTUNG
IHRER MÄNNLICHKEIT

Männer haben es heute nicht leicht. Gerade die Männerherrschaft hat vielen Männern das männliche Selbstverständnis und das Selbstbewusstsein geraubt. Wo ausschließlich in Hierarchien gedacht und gehandelt wird, hat das Individuum kaum eine Chance, sich zu entfalten. Leider hat das Patriarchat auch ein Recht des Älteren eingeführt, so dass gerade Männern in den jungen Jahren die Möglichkeiten zur Entfaltung genommen werden. Wenn ein junger Mann sein Leben selbst in die Hand nehmen will, muss er sich auch heute noch oft genug mit den Erfahrungen auseinandersetzen, die ältere Männer gemacht haben, ganz gleich, ob es ihm nützt oder nicht. So höre ich immer noch Väter in Biertischlaune darüber lamentieren, dass Frauen zum Schaden der Männer auf der Welt seien. Viele Väter haben ihre Söhne schon mit antiquierten Sprüchen wie: »Weiber wollen immer nur dein Geld«, »Mädchen wollen Männern Kinder anhängen« und so weiter gewarnt. Da geben die Väter, die Patres oder Patriarchen also, Wissen an die Jüngeren weiter, das niemandem hilft, vielmehr schädigen alte Männer damit junge Männer in der Entwicklung. Die Angst vor Frauen wird geschürt und eine Begegnung zwischen den Geschlechtern unmöglich gemacht.

Wenn Männer die Frauen als Feindinnen sehen, sind wir in der tiefsten Unkenntnis. Dann könnten wir gleich wieder moraltheologisch die Verbannung der Frauen fordern, weil in der Bibel die Eva dem Adam einen Apfel gereicht hat. Und genau hier liegt der Punkt. Frauen können Männern bei der Erkenntnis helfen, denn Intuition und Sicht hinter das Verborgene sind weibliche Fähigkeiten. Was aber sollen die Patriarchen machen, wenn die jüngeren Männer in den Genuss der Erkenntnis gekommen sind? Wie soll ein hierarchisches System bestehen bleiben, wenn der Nachwuchs fehlt? Männer müssen den Vätern zuliebe beziehungsunfähig bleiben, sonst ist die Position der Väter in Gefahr. Ja, Eva gab Adam den Apfel, den die Schlange, Symboltier für Veränderung, der Eva schenkte. Und die Frau ist großzügig genug, den Mann an dieser Erkenntnis teilhaben zu lassen. Väter, haltet eure Söhne fest, sonst holen die weisen Frauen sie ab und dann wackeln eure Throne!

Männer haben ein Recht auf Männlichkeit, auch wenn sie noch nicht alt und gebrechlich sind. Männer dürfen sogar ihre Männlichkeit selbstständig in ihrem Lebenskontext entwickeln, ewig gestrige Machoallüren haben ausgedient, denn sie ruinieren Männern alle Chancen auf erfüllende Partnerschaften. Das Patriarchat ist lebensfeindlich und zudem auch unlogisch, ja beinahe dumm; vor allem nicht mehr zeitgemäß. Das Kind im Manne ist nicht etwa das innere Kind, sondern der gehorsame Unmündige, der seine Füße unter Papas Tisch stellen muss, damit dessen Strafe ihn nicht ereilt. Männer haben eine Chance verdient, wieder ein gleichberechtigtes Geschlecht zu werden, das vollkommen selbstverständlich anders ist als das Geschlecht der Frauen. Und Frauen können Männern liebevoll zur Seite stehen, damit sie sich befreien können von einem Dasein zwischen Gewalt und Gespött.

ÄNGSTE ÜBERWINDEN

Männliche Impulskraft braucht Mut, um gelebt zu werden. Männliche Energien sind stürmische, voranschreitende Energien. Wem die Angst fehlt, nach vorn zu gehen, der wird kaum Männlichkeit leben können. Das gilt selbstverständlich auch für die männliche Seite in jeder Frau.

Die folgenden Hilfen aus der Hexenküche können dir helfen, die Angst zu überwinden und die Impulskraft zu stärken.

Besonders stärkende Kräuter sind alle Sonnenkräuter, also Rosmarin, Wacholder und Ringelblume, aber auch Löwenzahn, Basilikum und Salbei geben Kraft. Außerdem wirken Schlangenwurz und Eichenrinde als Räucherwerk kräftigend. Ein Tee aus Schafgarbe, Löwenzahn und Brennnessel kann den eigenen Mut fördern. Ingwer und Cilli haben belebende und stärkende Wirkung, sie regen allerdings auch den Sexualtrieb an.

DIE EIGENEN MUSTER DURCHBRECHEN

Die eigenen Muster zu durchbrechen ist eine sehr schwierige Angelegenheit. Außerdem werden unsere Muster auch noch ständig in der Gesellschaft gefördert. Die Vergangenheit lauert immer wieder an allen Ecken. Gerade die eigene Ursprungsfamilie kann dich und deinen Partner oder deine Partnerin stets neu mit ihrer eigenen Prägung in Kontakt bringen.

Hier ist eine Übung zur Ablösung von der Vergangenheit notwendig. Dafür solltest du aber im Vorfeld für dich deutlich machen, was denn an alten Prägungen vorhanden ist und von welchem alten Ballast du dich trennen willst. Sehr hilfreich kann sein, wenn du dich mit deinem Partner oder deiner Partnerin darüber austauschst, welche alten Muster ihr bei euch selbst und beim geliebten Gegenüber seht. Der Partner hat oft einen klareren Blick, weil er außen steht. Er kann sehr gut spiegeln, was er an Mustern wahrnimmt. Genau so kannst du ihm helfen, zu erkennen.

DEM VATER DAS ZEPTER ABNEHMEN –
HERRSCHER IM EIGENEN LEBEN SEIN

In der Bibel steht: »Du sollst Vater und Mutter ehren«, und eine der Lebensregeln des Mikao Usui besagt »Ehre deine Eltern, Lehrer und die Alten.« Und nun fordere ich, dem Vater das Zepter aus der Hand zu nehmen. Revolution? Mitnichten! Der Vater hat das Zepter, die Herrschaft über seine eigene Familie und zum Wohle seiner Kinder, speziell seiner Söhne, in der Hand gehalten und auf seine Art, gut oder weniger gut, regiert. Er brauchte diese Macht, weil ihm unmündige und unkundige Kinder anvertraut waren, für die er zu sorgen hatte, denen er den rechten Weg weisen musste.

Wenn aber die Kinder erwachsen sind, darf der Vater sich zurücklehnen und muss für niemanden mehr sorgen, außer für sich selbst. Die Verantwortung des Regierens, des Erziehens und des Führens liegt nun hinter ihm. Der Sohn ist selbst ein Herrscher geworden, mit einer eigenen Königin, eigenen Kindern, einem eigenen Königreich. Hier hat der Vater keine Kenntnisse mehr, hier ist er nicht mehr sachkundig genug, um zu regieren. Ehre dem Vater bedeutet, ihm die Freiheit zu geben, sich nach seinen aktiven Jahren nun zurückzuziehen und weise zu werden, in Frieden und Ehre, ohne den Druck der Macht und ohne Verantwortung. Ehre bedeutet, einem Menschen nach getaner Arbeit auch Ruhe zu gönnen und sich selbst in die Pflicht zu nehmen, wenn man erwachsen geworden ist. Unsere Eltern können sich wohl auch etwas Schöneres vorstellen als ewige Nesthocker. Und wenn sie es nicht können, brauchen sie die Chance, nach beendeter Familienarbeit wieder zu sich selbst zu finden und sich neue Bereiche für den Lebensabschnitt als weiser Mann oder weise Frau zu suchen.

Das Schlimmste an der patriarchalischen Prägung ist das Redeverbot für jüngere Männer. Erst alt werden müssen, um seine Meinung sagen zu dürfen, und bis dahin den älteren Männern unterlegen zu sein, ist besonders deshalb so gefährlich für Männer, weil in den jungen Jahren die Saat für echte Männlichkeit gelegt wird. Wer als junger Mann gebremst wird, kann sich in den mittleren Jahren kaum selbst gefunden haben. Die folgenden Rituale sollen dem Mann ermöglichen, dass er selbst an der Entwicklung und an der Stärkung seiner Männlichkeit arbeiten kann.

In meiner beruflichen Tätigkeit komme ich immer wieder mit verunsicherten und gestörten Männern in Kontakt. Viele sind sich ihrer Gefühle nicht bewusst und vertrauen nicht auf das, was sie fühlen. Sie lieben heiß und innig und hören die mahnende Stimme des Vaters im Hinterkopf: »Pass auf, Frauen wollen, dass du ihnen verfällst, dann stehst du unter ihrem Pantoffel.« Diese Männer trauen ihrer eigenen Intuition nicht und haben den Eindruck, ihre Gefühle seinen falsch und ließen sich allein auf den manipulierenden Einfluss der Frau zurückführen. Sie verwehren sich dadurch eine tiefe Gefühlsebene und die Chance auf eine hingebungsvolle Liebe.

Andere wiederum vergöttern ihre Frauen und fürchten, sie zu verlieren, zu verletzen oder falsch zu behandeln. Sie halten sich als Mann oft für nicht gut genug für ihre göttlichen Frauen. Diese Männer hatten vielleicht einen ganz tollen Hecht als Vatervorbild, der keinen Zweifel daran ließ, dass sie selbst nie so gut werden würden wie er.

Die dritte große Gruppe von Ratsuchenden unter den Männern sind die, die sich für zu klein, zu schwach, zu unperfekt halten, um einer Frau würdig zu sein. Diese bedauernswerten Männer zweifeln an sich, weil sie schon als kleine Jungs gelernt haben, dass sie eben die Kleinen sind, die nicht wirklich das Zeug zum Wachsen haben. Es sind die Männer, die den Vätern am stärksten das Zepter überlassen und sich am wenigsten aus dem Patriarchat befreit haben. Sie werden jede Beziehung dadurch zunichtemachen, dass sie ständig Antiwerbung für sich selbst betreiben, indem sie den Frauen mit ihren Minderwertigkeitsbefürchtungen in den Ohren liegen.

Jeder Leser wird sich mehr oder weniger hier wiederfinden. Für jede der drei Gruppen habe ich ein Ritual gefunden, dass das Spannungsfeld auflösen kann. Allerdings sind diese Rituale dazu bestimmt, regelmäßig wiederholt zu werden, denn Verkrustungen, die über Jahre oder Jahrzehnte gewachsen sind, lassen sich nicht über Nacht auflösen. Sie sollten im Abstand von vier Wochen von Imbolc bis Samhain durchgeführt werden.

Ritual zur Stärkung der männlichen Intuition

Obwohl Intuition gemeinhin als weibliche Eigenschaft betrachtet wird, ist sie eine Kraft, die Männer ebenso brauchen. Sie ist notwendig, um den eigenen Impulsen und Gefühlen zu trauen, damit du die richtigen Schritte für dein Leben wählst. Dieses kleine Ritual führst du an einem Sonntag durch, wenn die Sonne hoch am Himmel steht.

Du brauchst eine orangefarbene, eine rote und eine dunkelblaue Kerze. Außerdem benötigst du etwas geriebene Muskatnuss, Eichenrinde und Salbei zum Räuchern. Zum Schluss brauchst du Kreide oder Salz, eine Räucherschale mit Kohle und deinen Zauberstab sowie ein Gefäß mit Wasser und einen leichten Schal, der das Element Luft darstellen kann.

Reinige die Kerzen und den Zauberstab und auch dich selbst unter fließendem Wasser. Stelle dich mit beiden Füßen auf den Boden und verteile die Ritualgegenstände in Reichweite. Lege beide

Hände auf deinen Unterbauch, etwas höher als die natürliche Schamhaargrenze, und visualisiere eine orangefarbene Kugel, die in diesem Bereich schwebt. Atme in den Bauch, so, dass deine Hände bewegt werden, und lasse in Gedanken die Kugel wachsen und sich ausdehnen. Nimm dir neun tiefe Atemzüge Zeit, in der die Kugel in dir orangefarbenes Licht ausstrahlen soll. Lege die Hände nun so auf das Gesicht, dass Augen und Stirn bedeckt sind. Verfahre ebenso wie im Bauchraum, jedoch mit der Farbe Dunkelblau, wobei die Kugel hinter deiner Stirn mittig etwa zwei Finger breit über den Brauen entsteht. Auch hier genießt du neun tiefe Atemzüge.

Nimm den Zauberstab an dich und richte ihn mit den folgenden Worten gen Himmel: »Ihr Kräfte der Luft, ich rufe euch, denn ich kann euer Meister sein.« Lege den Schal direkt vor deine Füße. Als Nächstes rufst du mit deinem Zauberstab die Kräfte des Wassers. »Ihr Kräfte des Wassers, ich rufe euch, denn ich kann euer Meister sein.« Stelle den Kelch mit dem Wasser auf den Schal. So verfährst du mit den Kräften der Erde, für die du das Räucherwerk auf die Kohle legst und die Schale zum Kelch stellst. Zum Schluss rufst du die Kräfte des Feuers, zündest danach die Kerzen an und stellst sie ebenfalls auf den Schal. Jetzt nimmst du die Kreide bzw. das Salz und zeichnest um dich herum das Pentagramm, während du klar und deutlich folgenden Spruch sagst: »Elemente des Universums, Luft, Wasser, Erde und Feuer, ich binde euch an mich und nutze euch als Kraft meiner Entscheidungen, meiner Beständigkeit, meiner Gefühle und meiner Tatkraft.«

Beende das Ritual, indem du eine erneute Atemübung durchführst, bei der du Feuer, Wasser, Erde und Luft visualisierst und wieder neun Atemzüge lang jedes Element durch deinen Körper strömen lässt.

Ritual für Kraft in der Liebe

Dieses Ritual soll sonntags in den frühen Morgenstunden durchgeführt werden. Es macht deutlich, dass männliche Kraft und Ausdrucksstärke grundsätzlich nicht als Schaden oder als ungewünscht gesehen werden dürfen. Nur wenn ein Mann seiner starken Frau gegenüber seine männliche Kraft auszuleben wagt, kann die Zweisamkeit gelingen. Hat er allerdings seine männlichen Anteile nicht entwickelt, sondern ist noch immer in der Ablösung vom Vater gefangen, kann er höchstens negative Aggressionen nutzen, um sich der Kraft seiner Frau gegenüber zu äußern. Dieses Ritual können Männer so oft durchführen, wie es notwendig scheint, die Kurzfassung zum Schluss des Rituals kann jeden Morgen nach dem Aufstehen zelebriert werden.

Du benötigst eine rote Kerze, ein Stück Papier und eine rote Kordel. Reinige die Kerze und setzte dich bequem hin, um den folgenden Spruch langsam und mit Bedacht auf das Papier zu schreiben. Schreibe ruhig schön, genieße den Inhalt dieser Worte und sprich sie anschließend laut aus. Binde dann das Geschriebene mit der Kordel und mache einen Knoten.

»Jeder Schritt mit Bedacht
und in Achtsamkeit gemacht
sei ein Schritt auf meinem Weg,
den ich als Mann mir leg.
Ich will nicht trödeln und rasten
und auch nicht verspätet stets hasten.
Ich will schreiten
in meines männlichen Lebens Weiten.
Meiner Gefährtin will die Hand ich reichen und
nicht von ihren Augen sollen meine Augen weichen.
Meine Männlichkeit und ihre Weiblichkeit will ich segnen und

dem Leben mit Ehrfurcht begegnen.
So sei es! So sei es! So sei es!«

Verweile noch wenig vor der roten Kerze und setze dich dabei bewusst aufrecht hin. Atme das rote Licht der Kerze ein und lösche anschließend die Kerze.

Um täglich bewusst einen Schritt bis zur Verwirklichung deiner Männlichkeit zu gehen, zündest du die Kerze an und nimmst das Papier mit der Kordel in die rechte Hand. Sprich die Affirmation: »Heute gehe ich einen weiteren Schritt auf die Vollendung meiner Mannwerdung zu.«

Ritual zur Ergreifung der Macht im eigenen Leben

Manchmal ist der Machthaber im eigenen Leben das männliche Vorbild aus der Kindheit. Ob es sich aber um ein positives oder um ein negatives Vorbild handelt, ist in der Kindheit nicht von Belang. Der Junge wird geprägt vom Vorbild des Vaters oder einer anderen männlichen Bezugsperson. Es kann sein, dass sich der heranwachsende junge Mann mit allen Mitteln der Ratio gegen dieses Vorbild wehrt; irgendwann wird er an sich erkennen, wie sehr er dieser Prägung unterliegt. Das kann einen Mann zur Verzweiflung und Resignation führen, dann behält der Ältere das Zepter, selbst wenn er vielleicht sogar schon verstorben ist oder debil im Pflegeheim sitzt. Auf diese Art geht das Leben des jüngeren Mannes vorüber, ohne dass es gelebt wurde. Das folgende Ritual sollte am Dienstag, dem Tag des Mars, durchgeführt werden, wenn der Mond zunimmt. Du brauchst zwei rote Kerzen, einen Kelch mit rotem Wein oder Traubensaft, eine Räucherschale mit Kohle, eine Feder und ein Stück Brot. Außerdem brauchst du einen Nagel und ein Stück Kreide. Reinige die Kerzen und die anderen Gegenstände sowie dich selbst. Dann rufst du für dieses wichtige Ritual die Helfer aus dem Universum an:

»Ihr Kräfte des Himmels und der Erde
Feuer, Wasser, Erde, Luft
helft, dass ich frei nun werde.«

Ritze mit dem Nagel in die eine der beiden Kerzen den Vornamen deines männlichen Vorbildes, meistens ist es der Name des Vaters. Dann ritzt du in die andere Kerze deinen eigenen Namen.

Stelle beide Kerzen mit einem Abstand von etwa 20 Zentimetern auf. Entzünde die Kerze für deinen Vater und visualisiere, wie du ihm das Licht und die Kraft der Kerze von ganzem Herzen gönnst. Erst wenn du keinen Groll mehr hegst, kannst du fortfahren. Stelle die anderen Gegenstände um deine Kerze herum auf. Streue Eichenrinde und Lorbeer auf die Kohle und sprich die folgenden Worte langsam und deutlich. »Die Luft, die ich atme, sei mein.« Trinke aus dem Kelch und sprich: »Der Wein, den ich trinke, sei mein.« Nimm einen Bissen Brot und sage: »Die Kraft, die ich fühle, sei mein.« Jetzt entzündest du deine Kerze und sprichst dabei: »Das Feuer meines Lebens sei mein!« Dann ziehst du einen Kreidestrich, der die Kerze deines Vaters von den anderen Gegenständen trennt. Hierbei sprichst du:

»Jedem das Seine und beide frei –
nur noch als Mitmensch ich verbunden dir sei.
›Vorname‹ halte dich fern von mir,
denn ich kann mich schützen, das zeige ich dir.
So sei es! So sei es! So sei es!«

Beim letzten Satz legst du den Nagel mit der Spitze in Richtung der anderen Kerze auf den Kreidestrich.

Dieses Ritual zieht eine deutliche Trennung zwischen dir und der Person, die bisher deine Männlichkeit geprägt hat. Es wird nicht wirken, wenn du noch Eigentum des anderen in deinem Besitz hast. Du kannst dich nicht von jemandem lösen, der noch regelmäßig deine Autoversicherung bezahlt oder in dessen Haus du mietfrei wohnst. Auch wenn du das destruktive Gedankengut deiner Prägezeit nicht loslassen willst, weil es vielleicht hin und wieder ganz bequem ist, sich das Zepter und damit die Verantwortung aus der Hand nehmen zu lassen, wird dieses Ritual wirkungslos sein.

6

ÜBUNGEN FÜR FRAUEN
ZUR ENTFALTUNG
IHRER WEIBLICHKEIT

An alle Frauen: Der Herr hat den Frauen viele Vorzüge mitgegeben, nicht nur gegenüber allen Lebewesen, sondern auch gegenüber dem Mann selbst, sowohl im Stand der Natur, als auch im Stand der Gnade, als auch schließlich im Stand der Glorie.

Im Stand der Natur, weil er den Mann in dieser schmählichen Welt erschuf, die Frau dagegen im Paradies. Auch schuf er den Mann aus einem Klumpen Lehm, die Frau dagegen aus der Rippe des Mannes. Außerdem schuf er sie nicht aus einem unteren Teil seines Körpers, wie etwa aus seinen Füßen, damit der Mann sie als Magd habe, sondern aus seinem mittleren Teile, nämlich aus seiner Rippe, damit sie seine Gefährtin sei, wie auch Adam selbst sagte: »Die Frau, die Du mir als Begleiterin gegeben hast« (Gen. 3.). So hat die Frau drei Vorzüge: den Ort der Schöpfung, die Materie und den Körperteil, aus dem sie geschaffen wurde.

Und auch im Stande der Gnade ist sie bevorzugt, da Gott auch aus dem Fleisch des Mannes hätte hervorgehen können, aber das Fleisch der Frau gewählt hat. Und schließlich ist von keinem Mann zu lesen, der versucht hätte, die Passion des Herrn zu verhindern, sondern es war eine Frau, die Gattin des Pilatus, die ihren Mann von diesem Verbrechen abhalten wollte und die im Angesicht Christi dafür gemartert wurde (nach Matthäus 27).

Und im Stande der Auferstehung, weil sich Christus zuerst einer Frau offenbarte, nämlich Magdalena. Und so findet sich eine dreifache Bevorzugung der Frau in der Zeit der Gnade, eine wegen der Inkarnation (= Fleischwerdung), die zweite wegen der Passion (= Anteilnahme an den Leiden Christi), die dritte wegen der Auferstehung. Im Stand der Glorie wird kein reiner Mann regieren in jener Heimat (= im Himmel), sondern eine reine Frau wird Königin sein. Kein reiner Mann nämlich wird über die Engel gestellt sein, sondern die reine Frau. Und so hat die weibliche Natur Vorzüge in der Glorie durch die Würde, die Erhebung und die

Macht, und dies durch die Person der seligen Jungfrau.« (Die heilige Elisabeth von Thüringen)

Frauen waren also schon früh auf der Suche nach einem Grund für weibliches Selbstbewusstsein und sind es auch heute noch. Da wird die Fähigkeit, Kinder zu gebären, ins Feld geführt oder die Fähigkeit, hart wie ein Mann zu arbeiten. Wir sollten endlich davon ablassen, uns eine Daseinsberechtigung für Frauen zurechtzulegen. Frauen sind Frauen, weil sie eben Frauen sind. Damit ist alles gesagt, Frauen sind ein Teil der Schöpfung, haben gute und schlechte Seiten und es gibt Frauen in allen Variationen, genau so wie Männer, Pflanzen und alle Tierarten auch. Frauen in Frage zu stellen ist ein Vergehen gegen die Schöpfung, die Natur wäre nicht so dumm, etwas Sinnloses hervorzubringen. Vielleicht haben manche den Sinn des Menschen oder der Frauen noch nicht verstanden, aber menschliche Dummheit kann man der Natur nicht zur Last legen. Weibliches Selbstbewusstsein fängt an, wo die Frage nach der Berechtigung weiblichen Lebens aufhört.

DORNRÖSCHEN UND ASCHENBRÖDEL LEBEWOHL SAGEN

Wir Frauen haben es nicht leicht. Überall lauern Muster und Schubladen, in die wir ohne viel Mühe hineinspringen können. Und oft genug nehmen wir ein Klischee oder eine gesellschaftliche Meinung kaum wahr, obwohl wir sie erfüllen. Da ist in vorderster Reihe der Mythos von der schwachen Frau, die sich vom Mann retten lassen muss oder kann. Nehmen wir die beiden bekannten Märchenfrauen Dornröschen und Aschenputtel. Sicher, ihre Geschichten unterscheiden sich, doch ihre Haltung ist identisch. Beide fügen sich ohne eigene Aktivitäten in ihr Schicksal. Während Dornröschen einfach durch das Verschulden der Eltern leiden muss, gerät Aschenputtel in eine Leidenssituation, weil der Vater bei der Wahl seiner zweiten Ehefrau zu wenig Sorgfalt walten lässt. In beiden Märchen sind die jungen Frauen hilflos einer stärkeren Macht ausgeliefert. Beide sind nicht aktiv, Dornröschen und Aschenputtel können als Kinder keine Gegenmaßnahmen ergreifen. Auch wir können uns als Kinder oft nicht gegen Aspekte und Vorkommnisse in unserem Leben wehren, die durch die Erwachsenen bedingt sind.

Aber Frauen sind keine Kinder. Wir Frauen müssen begreifen, dass wir erwachsen geworden sind und unsere Geschicke selbst in die Hand nehmen können. Unsere Männer sind nicht unsere Retter, sie sind wie wir erwachsene Menschen, die sich dem Leben stellen. Dornröschen und Aschenputtel mögen vielleicht vordergründig Erfolg haben, doch bei genauer Betrachtung sieht es anders aus. Während sie beide in der Kindheit der Willkür der Erwachsenen unterworfen waren, sind sie als erwachsene Frauen der Willkür ihrer Männer ausgeliefert. Beide sind Gast auf dem Schloss des Mannes und genießen seine Liebe – solange sie währt. Beide Märchenfrauen haben kein eigenes Leben, keine eigene Dynamik, keine Vorstellung von sich und offensichtlich auch keinen eigenen Willen. Was, wenn das Märchen weiterginge, sie betrogen werden, der Prinz plötzlich verarmt, die böse Schwiegermutter eine Intrige schmiedet oder Dornröschen oder Aschenputtel vielleicht unfruchtbar oder krank werden? Dann geht die Schleife wieder von vorn los, arme Frau braucht edlen Retter, alles bleibt gut, wenn alles gut bleibt.

Wir müssen uns von der Vorstellung verabschieden, dass wir mit unserem eigenen Leben nichts zu tun haben. Wir haben Ideen, Visionen, eine eigene Meinung und auch eine eigenständige Persönlichkeit. Wir können alles, was reife und erwachsene Menschen können, wenn wir wollen. Aschenputtel und Dornröschen sind weit entfernt von der Magie der Weiblichkeit. Sie waren nicht auf dem Weg der Reifung oder der Selbstwerdung. Und wenn die Magie definiert ist als eine Bewusstseinserweiterung hin zum eigenverantwortlichen und kreativen Leben, dann waren Aschenputtel und Dornröschen nichts anderes als eine Warnung davor, was geschehen kann, wenn man die eigene Magie nicht in die eigenen Hände nehmen will.

HINGABE ALS STÄRKE ERFAHREN

Frauen sind ja so gern schwach. Wir suchen eine starke Schulter, Hilfe und Unterstützung und sind in der Lage, uns unserem Traummann hinzugeben. Aber ist das wirklich die schwache Seite der Frauen? Oder liegt hier nicht eher die weibliche Stärke? Ich bin überzeugt, dass die Fähigkeit sich hinzugeben eine echte Stärke ist. Allerdings gibt es auch die Schwäche, die Frauen klischeemäßig nutzen, um sich vor unliebsamen Aufgaben oder Verantwortung zu drücken. Aber das ist keine weibliche Angewohnheit: Diese vorgetäuschte Schwäche, um einen Gewinn aus ihr zu ziehen, können Männer und Frauen zeigen. Aber um diese Schwäche geht es hier nicht, es geht um die Stärke, die in der Fähigkeit liegt, die Kontrolle auch einmal abzugeben, zu vertrauen und sich einzulassen auf unbekanntes Terrain.

Ist es etwa nicht stark, sich auf eine Schwangerschaft einzulassen, für Monate eine unüberschaubare Lebensveränderung zu riskieren und danach doch wieder sich selbst sein zu können? Es gehört viel Mut dazu, sich nicht immer nur an seine eigenen Gewohnheiten, an seinen eigenen Willen zu klammern, sondern die Impulse anzunehmen, die ein anderer Mensch ins eigene Leben bringt. Die Frau, die sich auf den anderen einstellen kann, zeigt Stärke und

Flexibilität, eine hohe soziale Kompetenz. Der, der ständig mit spitzem Bleistift rechnen muss, ob er auch genug Vorteile hat, ob jeder Deal auch fair ist oder ob er sich auch ganz sicher nicht zugunsten einer Beziehung. verändert, ist letztlich schwach, er klammert sich an sein Ego und fürchtet, sich zu verlieren, wenn er ein Risiko eingeht.

Hingabe ist Stärke. Sich hingeben und dabei wissen, dass man sich nicht verlieren kann, das ist echte Kraft. Nur braucht diese Fähigkeit zur Hingabe und zur weiblichen Stärke auch einen Spiegel. Wie soll die Frau agieren, deren Mann keine Möglichkeiten der Hingabe bietet? Sie muss sich männlich präsentieren, damit nicht auffällt, dass es in ihrem Leben eine Lücke gibt. Das Selbstverständnis dafür, dass die Fähigkeit zur Hingabe eine Berechtigung hat, ist leider vollkommen verloren gegangen. Dabei weiß jeder, dass er mit Kontrollzwang und Pragmatismus nicht weit kommt und selbst mit Netz und doppeltem Boden noch lange nicht abgesichert ist gegen den Lauf des Lebens. Wer auf die eigene Ratio als Sicherheit setzt, hat schon verloren. Krankheiten, Wirtschaftskrisen, Gefühle lassen sich nicht einkalkulieren und nur, wer die Stärke besitzt, sich dem Fluss des Lebens hinzugeben, kann Bestand haben. Sicher, männliche Kraft baut ein Haus, aber ohne die weibliche Stärke, dieses anzunehmen und zu pflegen, verrottet es und zerfällt. Natürlich zeugt der Mann ein Kind, aber ohne eine Frau, die in der Lage ist, es bis zur Geburt und darüber hinaus zu hüten, kann es nicht überleben. Nicht von ungefähr werden die entsprechenden Beruf rund um Haus und Kinderpflege in unserer Gesellschaft noch recht gut bezahlt. Werden sie aber von Partnerinnen, Müttern, Ehefrauen ausgeübt, sind sie wertlos.

Es liegt an uns Frauen, dass wir unserer Weiblichkeit den Wert entziehen. Wir müssen unseren eigenen Wert erkennen, ohne gleich wieder ins Gegenteil der Kampfemanzen zu verfallen und die

Männlichkeit in den Staub zu treten. Betrachten wir unsere Weiblichkeit, unsere Fähigkeit anzunehmen und uns hinzugeben, als Stärke, nicht als Schwäche! Die Fähigkeit, Hingabe zu entwickeln und damit auch über diesen urtümlich weiblichen Anteil zu verfügen, ist selbstverständlich auch für Männer von großer Bedeutung, weil ja schließlich eine eigene Ganzheit vorliegen sollte, bevor man sich auf eine Zweisamkeit einlässt.

WERTSCHÄTZUNG FÜR DIE EIGENE WEIBLICHKEIT

Seit Jahrzehnten erklären uns die Medien und die verschiedensten gesellschaftlichen Stimmen, wie Weiblichkeit auszusehen hat. Vor allem Äußerlichkeiten spielen eine große Rolle. Wir mussten mal dick und mal dünn sein, lange Haare und auch Kurzhaarschnitte waren gefragt, heute tragen echte Frauen den Businesslook und morgen sind vielleicht wieder lange Kleider angesagt. Fragt man uns Frauen, sind wir alle selbstverständlich vollkommen unabhängig von den verschiedenen Diktatoren um uns. Doch die Realität straft uns Lügen. Viele Frauen haben Essstörungen, weil sie sich für zu dick halten, Schönheitskorrekturen werden inzwischen schon zum Abitur verschenkt und neulich habe ich eine Schätzung gelesen, nach der bereits jede dritte Frau eine Brust-Operation vornehmen ließ. Die Kabarettistin Gabi Köster hat in einer Show einmal sehr schön gesagt: »Wenn später mal Marsmännchen auf der Erde sind und rausfinden wollen, wie die Menschen waren, wundern sie sich, dass sie in der Erde so oft zwei Silikonkissen und zehn Playmobilschäufelchen (sie meint damit künstliche Fingernägel) nahe beieinander unter der Erde finden werden.« Schuhtick, Nagelstudio und Kaffeeklatsch, das sind die Klischees, in denen Frauen heute gesehen werden. Aber da ist mehr. Wer Weiblichkeit als reine

Äußerlichkeit sieht, schaut nicht wirklich in die Tiefe. Doch daran sind wir Frauen nicht ganz unschuldig. Wie sehen wir unsere Weiblichkeit? Sind wir bereit, uns auf die weiblichen Anteile in unserer Seele zu besinnen? Oder wollen wir Weiblichkeit weiterhin darüber definieren, dass wir anders sind als Männer? »Anders sein als« hat keine Bedeutung, wenn wir keine eigenen Inhalte finden. Was ist Weiblichkeit? Können wir beispielsweise wertschätzen, dass unser Körper im Menstruationszyklus lebt? Oder wollen wir weiterhin alles unternehmen, um eben diesen Zyklus mittels Hormongaben zu unterdrücken, nur weil die Menstruation hier und dort stören könnte? Weiblichkeit ist die Hingabe an die Natur. Es ist gut, dass wir im Verlauf von vier Wochen nicht immer gleich sind, nicht immer gleich fühlen, ja sogar unser sexuelles Interesse sich verändert. Eine lebendige Liebesbeziehung kann durch den Wechsel von starker Libido und deutlicher Kuschellaune nur gewinnen, denn der weibliche, natürliche Zyklus ist auch ein Garant für Abwechslung und Spannung in der Beziehung.

MAGIE FÜR ECHTE WEIBLICHKEIT

Magie ist eine Kraft, die Frauen und Männer gleichermaßen in sich tragen. Mit Hilfe der weißen Magie gelingt es uns, unser eigenes Bewusstsein zu erweitern und so dafür zu sorgen, dass wir mit unserer eigenen Persönlichkeit harmonisch in unserer Umgebung leben können. Gerade unser Geschlecht sorgt allerdings oft für Disharmonie, weil unsere Gesellschaft dazu verleitet, das Geschlecht zu werten. Da gibt es Witze über Männer und Frauen, Sprüche, die das andere Geschlecht herabwürdigen, und viele Versuche, das eine oder das andere Geschlecht zum stärkeren oder gar besseren zu machen. Sinnvoll ist das nicht, denn wer sich gegen das andere Geschlecht abgrenzen muss, steht gleichzeitig auch unter dem Erfolgsdruck, mit dem anderen nur ja nichts gemeinsam zu haben. Und schließlich stellt sich sogar die Frage, wie Männer und Frauen sich überhaupt liebevoll begegnen können, wenn sie einen Kampf gegeneinander führen.

Die Lösung liegt in der Zufriedenheit und im Glück mit sich selbst. Eine Frau, die mit sich selbst im Einklang lebt, kann auch Männer neben sich leben lassen, ohne in Konkurrenz zu treten. Die folgenden Anregungen sollen dazu dienen, die eigene Weiblichkeit lieben und respektieren zu lernen, ohne sie gegen die Männlichkeit abgrenzen zu müssen. Frauen sind Frauen und Weiblichkeit gibt es auch ohne den Blick auf die andere Seite. Das gilt selbstverständlich auch für Männer, wie im vorangehenden Kapitel zu lesen war.

Meditation für Weiblichkeit

Meditiere über deine Weiblichkeit, indem du dich mit einer dunkelblauen Kerze an einen ruhigen Ort zurückziehst. Nun atme tief in deinen Bauch hinein und finde Ruhe in dir. Stelle dir vor, wie dein Bauchraum immer größer wird und immer mehr Platz bietet. Sieh die Erde in dir, wie es aus der Mythologie bekannt ist. Werde in Gedanken die Erdmutter, die Frau, die alles zur Welt gebracht hat, was wir heute sehen und erleben dürfen. Lass helles Licht auf die Erde in dir scheinen und betrachte die Schöpfung mit liebevollem Blick. Wenn du an dieser Stelle angekommen bist, hebe in Gedanken die Schöpfung aus deinem Bauchraum heraus. Hierfür nutze deine beiden Hände und dann stell dir vor, du entlässt die Erde aus deiner Obhut, indem du sie liebevoll gen Himmel schickst.

Magie für den weiblichen Zyklus

Erlebe einmal einen ganzen Zyklus als magischen Prozess, indem du ihn mit magischen Handlungen begleitest. Beginne am ersten Zyklustag und räuchere Salbei und Weihrauch im ganzen Haus. Feiere das Loslassen von Vergangenem, indem du dich auch materiell von etwas trennst, das du nicht mehr gebrauchen kannst. Wirf alte Kleider weg oder sortiere etwas anderes aus, das du schon lange nicht mehr wirklich gebrauchen kannst. In den folgenden Tagen bis zum Eisprung kümmere dich um die Belange deines Körpers. Stärke dich mit gesunder Nahrung und achte darauf, ausreichend zu schlafen. Meditiere jeden Tag mit einer dunkelblauen Kerze, indem du dir deine eigene Kraft vor Augen hältst und dich fühlst, als lägest du in den Armen der Göttin. Am Tag des Eisprungs selbst gönne dir einen langen Spaziergang durch den Wald und verbinde dich mit den Bäumen und anderen Lebewesen in der Natur. Vielleicht kannst du die Baummeditation durchführen, in der du dich fühlst, als wüchsen dir Wurzeln aus den Fußsohlen, eine Rinde um deinen Körper und deine Arme würden zu Ästen, die sich der Sonne entgegenstrecken. In der zweiten Hälfte des Zyklus kannst du dann deine männlichen Kräfte suchen und ausleben. Beginne ein neues Projekt oder nimm dir etwas vor, das du in etwa zwei Wochen erreichen kannst. Wenn du keine so kurzfristigen Ziele hast, teile dir eine große Aufgabe in kleine Schritte ein. Deinen Zyklus bewusst zu leben gibt dir die Möglichkeit, einen eigenen Rhythmus zu finden. Sei dankbar für diese Möglichkeit, Männer haben es in dieser Hinsicht schwerer, ihre Natur zu leben.

7

WAS TUN, WENN DIE LIEBE SCHWÄCHELT – AUS DER SCHATZKISTE DER WEISEN

»I beg your pardon, I never promised you a rose garden …« Diese Liedzeile aus dem alten Schlager von Lynn Anderson ist jedem sicher bekannt. Vor einer Beziehung weiß jeder, dass nicht immer nur eitel Sonnenschein herrschen kann, doch in der Beziehung selbst scheint es vielen wie eine Tragödie, wenn erste Disharmonien auftreten. Streit gehört zum Leben, sobald man nicht mehr nur mit sich selbst beschäftigt ist. Selbst die liebesfähigsten und liebeswilligsten Menschen stoßen an ihre Leistungsgrenzen, wenn sie eine Belastungssituation erleben, die ihnen viele Kräfte raubt. Vertrauen ist wichtig, um durch eine Liebeskrise zu kommen, Vertrauen in sich selbst und in die Liebe, die man für sein Leben als richtig erkannt hat. Gehe weniger schulmedizinisch mit sogenannten Beziehungskrisen um, greife getrost zu den kleinen und großen Zaubern, die die Welt der Weisen für dich bereithält, um deiner Liebe Halt, Aufschwung oder Stabilität zu geben. Was unternehmen die Weisen bei den klassischen kleinen Infektionen in der Liebe? Ich vergleiche bestimmte Vorkommnisse gern mit Erkältungen oder Halsschmerzen, grippalen Infekten, die wir Menschen uns eben hin und wieder zuziehen, um letztlich unsere Abwehrkräfte zu stärken. Die folgenden kleinen Mittel helfen dir sicher bei diesen Problemchen, bevor wir uns an späterer Stelle den größeren Krisen zuwenden.

Da ist zuerst die Überlastung, unter der Paare beruflich bedingt oder durch Elternschaft oder Ähnliches stehen können. Diese Belastung schlägt oft sowohl auf die allgemeine Stimmung als auch auf das Kommunikations- und Sexualverhalten. In Phasen der Belastung ist von großer Bedeutung, diese nicht wegzudrücken und sich entkräften zu lassen, ohne etwas dagegen zu unternehmen. Ein Burnout im privaten Bereich kann zum Ende einer Liebesbeziehung führen, also lasse hier bitte die größtmögliche Achtsamkeit walten. Beginne, sobald eine Veränderung deinen Liebesalltag tangiert, mit den folgenden vorbeugenden Maßnahmen. Erhöhe nicht deinen Koffein- und Nikotinkonsum oder gar den Alkoholkonsum, um abzuschalten, sondern mache mit deinem Partner gemeinsam eine Kräuterkur. Bereite eine Teemischung aus Kamille, Anis und Fenchel zu und trinke drei Tassen täglich in kleinen Schlucken.

Es mag dir seltsam vorkommen, drohender Arbeitslosigkeit oder der Krankheit eines Kindes mit Teeaufgüssen zu begegnen, doch du sollst ruhig und ausgeglichen bleiben, und da tut diese Kur gut. Du solltest sechs Wochen bei diesem Mittel bleiben, allerdings selbstverständlich nicht, wenn eine Allergie gegen einen oder mehrere Wirkstoffe vorliegt.

Gib getrocknete Obstschalen, bevorzugt Orange und Zitrone, in eine Schale, die du auf den Tisch stellst. Das sieht nicht nur hübsch aus, das ätherische Öl hebt gleichzeitig die Stimmung. Den gleichen Effekt erzielst du mit ein paar Tropfen Orangen- oder Zitronenöl in der Duftlampe. Auch Salbei wirkt gleichzeitig erfrischend und heilend auf unsere Sinne. Für Reinigungsarbeiten gebe ich in schwierigen Phasen meines Lebens gern Blutorangenöl in das Putz- oder Wischwasser. Das reine ätherische Öl entfaltet so seine aufhellende Wirkung im ganzen Haus. Lass aber die Finger von chemischen Duftölen. Diese kleinen Täuschungen aus der Industrie sind nicht nur wirkungslos, sie enthalten unter Umständen auch Substanzen, die kein Mensch in seinem Organismus braucht.

Und sollet ihr beide oder einer von euch zu belastet sein, um Freude an der Sexualität zu empfinden, wissen weise Frauen und Männer sich ebenfalls sehr gut mit Mitteln aus der Kräuterküche zu helfen. Ihr könnt einen Ausweg aus der gestörten Situation mit den oben bereits beschriebenen Ritualen finden oder aber im Notfall zu Kardamom und Minze greifen, mit Schokolade oder Cilli nachhelfen und aphrodisierende Meeresfrüchte zubereiten. Düfte wie Ylang-Ylang haben eine fördernde Wirkung auf die Sexualität.

Am Wichtigsten aber ist Zeit, wenn ein Paar wieder zu einer befriedigenden Körperlichkeit finden will. Unter Stress empfehle ich vor allem Vanille, sowohl als Duft als auch in Speisen, da sie sehr anregend auf den Körper sowohl des Mannes als auch der Frau wirkt.

EINE GEMEINSAME EBENE FINDEN

Er denkt nur noch an seine Beförderung und sie ist mit der Entstehung des ersten gemeinsamen Kindes voll und ganz in Beschlag genommen. Er hat Angst vor der bevorstehenden Hochzeit und der Verantwortung, die er auf sich zukommen sieht, sie ist in Gedanken ganz und gar damit beschäftigt, ob sie als Ehefrau auch weiterhin ihre Karrierepläne ausleben kann. Beide Partner wohnen zwar zusammen, doch beide leben manchmal in getrennten geistigen Welten. Das ist keine gute Voraussetzung für Harmonie und ein Miteinander auf dem gemeinsamen Weg. Solche trennenden Phasen gibt es immer wieder, auch im Laufe einer Zweisamkeit wird ein Paar wiederholt davon eingeholt. So hat der Mann vielleicht gar keinen Sinn dafür, was in seiner Frau vor sich geht, wenn sie die fruchtbare Zeit hinter sich lässt und die Frau kann sich vielleicht nicht vorstellen, warum der Partner in ein seelisches Tief fällt, wenn er seine Pensionierung nahen sieht. Oft befindet sich ein Partner in tiefer seelischer Not, der der andere gewöhnlich mit klaren Sachargumenten begegnen will. Versuche des Verständnisses und des Trostes gehören aber weniger in eine Liebesbeziehung als vielmehr in ein Patient-Therapeuten-Verhältnis. Lasst eure Liebe, die auf einem Gefühl und auf sonst nichts basiert, nicht verkommen zu einer Formsache.

Findet eine gemeinsame Gefühlebene, indem ihr euch gegenseitig eure Situationen darstellt. Greift zu einem Hilfsmittel. Besorgt euch zwei Stumpenkerzen, jeder wählt seine Farbe selbst. Diese Kerzen stellt ihr an einem Ort auf, an dem ihr normalerweise gut miteinander reden können. Hat der eine von euch das Bedürfnis, sich zu äußern und seine Lage zu erklären, entzündet er seine Kerze. Das ist für den anderen das Zeichen, dass er zuhören soll und nichts sagen darf, bevor der andere ihn dazu auffordert. »Achte stets die Kraft des Wortes« ist eine wichtige Hexenregel, an die wir uns viel zu wenig halten. Es liegt eine Kraft darin, seine Sorgen und Nöte zu erzählen, wobei man nicht gestört werden sollte. Aber auch mit der Reaktion haben wir ein kräftiges Mittel zur Hand. Der Partner, der gesprochen hat, hat ein Recht auf liebevolle Entgegnungen und verständnisvolles Zuhören.

VERLIEBT BLEIBEN WIE AM ANFANG

Wir sollten uns so oft verlieben, wie es irgend geht. Das beinhaltet aber nicht, dass wir uns immer wieder in einen anderen Menschen verlieben müssen. Es ist ebenso möglich und auf Dauer sogar reizvoller, sich hin und wieder neu in den Partner zu verlieben, mit dem wir in einer Liebesbeziehung leben. Dieses Verlieben verspricht nämlich einen gewissen Erfolg; normalerweise gehen wir nicht das Risiko ein, uns einer Schwärmerei für den Falschen oder die Falsche hinzugeben oder einen Korb zu bekommen. Verliebtsein ist ein Zustand der Schwärmerei, der ausschließlich positiven Gefühle. Es ist gesundheitsförderlich, sich zu verlieben, stärkt die Abwehrkräfte und lässt uns positiv in die Zukunft blicken. Außerdem haben Verliebte eine bessere Ausstrahlung und einen schnelleren Stoffwechsel. Warum also diesen Zustand meiden?

Um euch immer wieder neu ineinander zu verlieben, bietet das Leben im Hexenjahreslauf sicher schon eine gute Basis, denn lebendige Prozesse gemeinsam zu erleben schafft ein Grundvertrauen in den Gefährten. Um sich neu zu verlieben, nutzt ihr immer den Freitag kurz vor oder direkt zum Vollmond. Die beste Uhrzeit ist 17.00 Uhr, denn das ist die Stunde der Venus. Ihr könnt aber notfalls auf eine andere Uhrzeit ausweichen, nur achtet darauf, die folgenden Liebeszauber nicht bei abnehmendem Mond zu zelebrieren. Wenn es nicht anders möglich ist, kann auch ein Partner allein zaubern, doch ist dann nicht ausgeschlossen, dass er sich in eine andere Person verliebt als in den bisherigen Geliebten. Niemals dürft ihr ohne Einwilligung des anderen einen Zauber durchführen, in dem er eine Rolle spielt, das wäre eine Manipulation seiner Gefühle und würde euch schließlich teuer zu stehen kommen. Bei solchen Handlungen folgt häufig langer Frust auf kurze Lust. Das solltet ihr euch um euer selbst willen ersparen.

Bereitet euch vor, indem ihr gemeinsam oder getrennt duscht oder badet. Legt die folgenden Gegenstände bereit und sorgt dafür, dass ihr in der nächsten Stunde nicht gestört werdet. Ihr braucht eine Räuchermischung aus Thymian, Salbei und Rosmarin mit Räucherschale und Kohle. Außerdem benötigt ihr einen Kelch mit rotem Wein oder Traubensaft, zwei Trommelsteine aus Rosenquarz und eine Schale mit Wasser. Zudem benötigt ihr Rosenblätter und eine weiße und eine hellgrüne Kerze. Reinigt die Gegenstände mit Salz oder unter fließendem Wasser. Setzt euch auf den Boden und verteilt die Gegenstände zwischen euch. Reicht euch die Hände und sprecht: »Wir reichen uns die Hand zum Zeichen der Liebe, die uns bisher verband. Nun brauchen wir frischen Wind und rufen die Venus zur Hilfe geschwind.«

Zündet die weiße Kerze an. Zündet die hellgrüne Kerze an. Nun streut beide vom Räucherwerk auf die Kohle und sprecht gemeinsam: »Wir wollen Gefühle neu entfachen und die Torheiten der Liebe miteinander machen.« Zündet die orangefarbene Kerze an. Als Nächstes legt jeder von euch einen Rosenquarz in die Wasserschale und spricht dabei: »Ich gebe dir das Gefühl, dass ich in deinen Augen finden will.« Zum Schluss trinkt ihr aus dem Kelch und sprecht die Worte: »Wir beide, auf der Erde verbunden, genießen der Liebe wonnige Stunden.« Reicht euch wieder die Hände und betrachtet euer Werk. Dann sprecht ihr: »Venus, wir danken dir für deinen Schutz, der uns bei der Neuentfachung unserer Liebe nutzt. So sei es! So sei es! So sei es!« Jeder von euch nimmt seinen Rosenquarz nun aus dem Wasser und reicht ihn dem anderen. Tragt den Stein immer bei euch und vergewissert euch, dass ihr offen seid für eine neue, liebevolle Sicht auf den Partner. Ihr können gern leise, romantische Musik im Hintergrund laufen lassen.

LIEBESMAGIE FÜR PAARE

Wenn ihr gemeinsam eure Liebe mit magischen Mittel fördern möchtet, ist das ein sehr positives und lobenswertes Vorhaben. Es ist vergleichbar mit dem gemeinsamen Füttern und Aufziehen eines Kindes. Eure Liebe braucht Nahrung und Förderung, sie wird eingehen, wenn ihr euch nicht um das Wachstum kümmern. Ganz gleich, ob ihr eure Liebe als Pflanze, als Baum oder als Kind seht, ohne förderliches Handeln von Seiten beider Lieben- den hat die Liebe keine Chance. Stellt euch vor, was ihr für ein Lebewesen unternehmen würdet, das euch beiden gehört. Die meisten versorgen ihr Haustier besser als einen Partner oder gar die Liebe selbst. Wie undankbar stellt ein Mensch sich dar, der erst nächtelang, vielleicht über Monate oder Jahre hinweg, die Liebe ersehnt und erfleht hat und dann nicht zu schätzen weiß, was er in Händen hält. Ich kenne Menschen, die sehr viel Geld für die Partnersuche ausgeben; haben sie endlich einen gefunden, sind sie zu geizig, ihm hin und wieder ein kleines Geschenk zu machen.

Aber wenn ihr dieses Buch bis hierher gelesen habt, seid ihr bereit, in die Liebe zu investieren. Nutzt die folgende Magie grundsätzlich nur gemeinsam, denn es hat keinen Wert, wenn die Liebe einseitig gepflegt wird, sie wird verdorren, wenn nicht beide Teile ihren Beitrag leisten. Hier hilft ein klarer Blick, vielleicht hast du Lust, gemeinsam mit deinem Partner einmal in eure Seelen zu schauen. Früher wurden für diesen Zweck Gewässer genutzt; im Wasser wollte man erkennen, was der reinen Ratio verborgen blieb. Später erst verwendeten die Weisen schwarze Spiegel oder die Kristallkugeln. Auch Rauch diente als Erkenntnishilfe.

Versucht einmal zu zweit, Visionen zu empfangen, und tauscht sie danach miteinander aus.

Visionen über die Liebesbeziehung mit Rauch herbeirufen

Für diese Räucherung braucht ihr eure Räucherschale mit Kohle, getrocknetes Basilikum und Muskatpulver. Bitte nehmt nicht mehr als zwei Messerspitzen Muskat, denn es ist ein sehr starker Räucherstoff, der auch Halluzinationen oder Albträume hervorrufen kann, wird er zu stark dosiert. Setzt euch so hin, dass ihr beide den aufsteigenden Rauch betrachten könnt und schaut dem Rauch zu, ohne eure Gedanken festzuhalten. Fasst euch dabei an den Händen und wartet in aller Ruhe, bis ihr euch selbst im Rauch erkennen könnt. Beobachtet das Bild, solange es bleibt. Sprecht erst danach über eure Bilder.

Visionen über die Liebesbeziehung mit Wasser herbeirufen

Hier geht ihr ähnlich wie oben vor, doch ihr nutzt eine sehr große Schüssel mit Wasser. Streut einige getrocknete Rosenblätter auf den

Wasserspiegel und wartet gemeinsam auf eure Bilder, die ihr danach gemeinsam austauscht.

Versucht gemeinsam zu begreifen, dass diese inneren Bilder, die bei den beiden vorangehenden Übungen entstehen, viel mehr mit eurer inneren Wahrheit und mit eurer Liebe zu tun haben als alles, was die moderne Zeit in den Medien oder anderswo über die Liebe verbreitet. Es ist vollkommen in Ordnung, wenn ihr beide nicht daueremanzipiert und hyperaufgeklärt seid. Es ist nicht krank, keine Bedürfnisse nach Seitensprüngen, offenen Beziehungen und partnerfreien Abenden zu haben. Eine unbekannte Dichterin aus dem 12. Jahrhundert hat den folgenden kleinen Text verfasst und jeder Liebende der modernen Zeit darf sich daran erfreuen.

>>Dû bist mîn, ich bin dîn: des solt dû gewis sîn;
dû bist beslozzen in mînem herzen,
verlorn ist daz slüzzelîn:
dû muost och immer darinne sîn.<<

KLEINE HEILMITTEL GEGEN LIEBESSCHMERZ UND ANDERES HERZENSLEID

Selbstverständlich wussten die Weisen sich notfalls auch einer Vielzahl magischer Hilfsmittel zu bedienen, wenn es darum ging, das eine oder andere Problem aus der Welt zu schaffen. Ganz besonders intensiv wirken Duftstoffe, wie sie beim Räuchern oder auch durch das Verdampfen von ätherischen Ölen in der Duftlampe entstehen. Gerade die körperliche Liebe hat mit Sinnlichkeit zu tun, sie gelingt selten, wenn die Sinne nicht angesprochen werden.

Um eine Frau zu betören und in erotische Stimmung zu versetzen, kann ein Mann zu einer Räucherung aus Mädesüßkraut greifen. Mit Verbene (Eisenkraut) wird die Göttin Venus angerufen und um ihren Beistand gebeten.

Um einen Mann in erotische Stimmung zu versetzen, sind Moschuskörner und Kardamom gut geeignet.

Wenn beide Partner eine kleine Motivationsspritze brauchen, um sexuell wieder aktiv zu werden, haben sich Brennnesselsamen und Jasminblüten sehr bewährt.

Die folgenden kleinen Mittel und Rezepte kannst du nutzen, um größeren Krisen vorzubeugen und die Liebe wach und frisch zu halten, vor allem, wenn es um Körperlichkeit geht. Auch der Küche wird immer wieder nachgesagt, dass sich in ihr wahre Liebeszauber verborgen halten. Leider muss ich dich hier enttäuschen. Die wenigsten Lebensmittel enthalten vom aphrodisierenden Stoff ausreichende Mengen, um wirklich etwas zu bewirken. Wenn du aber die folgenden Rezepte in entsprechender Stimmung anwendest und vielleicht noch das eine oder andere Detail hinzufügst, unterstützen sie dein Liebesbegehren sicherlich. So wirken besonders Getränke, direkt vor dem Schlafen serviert, häufig wahre Wunder bei müden Liebenden.

Schon früh galt Schokolade als sexuell anregend. Das liegt an den Glückshormonen, die durch Schokolade im Gehirn ausgeschüttet werden, und auch an der entspannenden Wirkung, die besonders beim Trinken heißer Schokolade erreicht wird. Würze deine Schokolade und vor allen die deines Partners oder deiner Partnerin mit Kardamom oder Zimt. Auch die Zugabe von echter Vanille wird die sexuelle Lust stärken und macht euch beide offener für zärtliche Stunden. Serviere einmal Kakao nach dem folgenden Rezept, das ich selbst gern nutze und als wirkungsvoll empfunden habe:

Mische jeweils fünf Teelöffel Kakaopulver und Rohzucker zusammen und lass die Mischung zusammen mit 100 Millilitern Milch und 150 Millilitern Wasser zusammen aufkochen. Danach soll die Mischung etwa fünf Minuten köcheln, während du langsam und in der richtigen Reihenfolge die folgenden Zutaten hinzufügst: zuerst das Mark einer halben Vanilleschote, dann einen halben Teelöffel Zimt und zum Schluss je eine Prise Kardamom und Nelkenpulver. Besonders wirksam sind Kardamom und Nelkenpulver, wenn du sie selbst frisch reibst. Du kannst das Getränk je nach Geschmack mit Chili oder schwarzem Pfeffer würzen. Sollte dir der Liebeskakao nicht süß genug sein, gib einfach noch Zucker nach deinem Geschmack dazu.

Grundsätzlich gilt: je leichter das Essen, umso lustvoller die Sexualität. Schweinshaxe mit Spätzle und Sauerkraut hauen den stärksten Mann um. Er ist mehr mit der Verdauung beschäftigt als mit anderen Gedanken. Sehr zu empfehlen sind Spaghetti mit Pesto. Pesto kannst du aus genau den Kräutern selbst herstellen, die anregend wirken. Nimm hierfür beispielsweise Salbei, Bohnenkraut und Minze. Der Salbei macht die Hälfte der Mischung und die beiden anderen Kräuter jeweils ein Viertel aus. Schon im Mittelalter galt diese Kräutermischung als sexuell anregend. Zerkleinere die Kräuter im Mörser und erwärme Olivenöl, in das du die Kräuter hineingibst. Lass die Mischung auf keinen Fall kochen, sie soll nur warm werden.

Auch Reis ist leicht und bindet daher keine Energie, die für die Sexualität notwendig ist. Reis mit Meeresfrüchten ist nicht nur gesund, sondern regt durch seinen Geschmack und seine Optik zudem sehr an, weil die meisten Menschen eine Assoziation zur Sexualität herstellen, wenn sie beispielsweise Venusmuscheln essen. Noch eine weitere heimische Pflanze verdient ihre Beachtung und gehört auf jeden Fall in die Liebesküche weiser Frauen: Lavendel wirkt nämlich nicht nur beruhigend und entspannend, sondern ist auch geeignet, Männer in Stimmung zu bringen. Zum einen kann eine Lavendelräucherung durchgeführt werden, doch es lohnt sich auch, Lavendel als Zugabe für Kuchen, Muffins und Kekse zu verwenden. Die Blüten entfalten beim Essen einen wundervollen Geschmack und sollten nicht unterschätzt werden. Meine liebste Art, Lavendelblüten zu verwenden, ist in einem Nussstrudel aus Quark-Öl-Teig. Experimentiere einfach mit der lieblichen Pflanze, du wirst sie in deiner Küche nicht mehr missen wollen. Dosiere am Anfang aber vorsichtig, die ätherischen Öle der Pflanze sind recht geschmacksintensiv. Vor Alkohol sei übrigens in der Liebesmagie gewarnt, da Alkohol normalerweise eine betäubende Wirkung hat und wenig dazu beiträgt, die Sinneswahrnehmung zu erhöhen. Gerade wache Sinne aber sind notwendig für erfüllende Liebe auf jeder Ebene.

Zum Abschluss dieses Kapitels möchte ich dir noch ein Ritual vorstellen, dass in vielen Variationen bekannt ist und sehr alt zu sein scheint, denn es taucht immer wieder auf, um Liebende einander näher zu bringen. Manchmal wird es auch empfohlen, um einen Menschen, in den man sich verliebt hat, in seine Nähe oder sogar in seinen Bann zu ziehen. Davon möchte ich aber dringend abraten, denn es ist keine wahre Liebe, wenn der andere dazu manipuliert wird. Aber es gibt auch andere Situationen, in denen Nähe hergestellt werden soll. Wenn dein Partner und du in einem Streit stecken und ihr nicht mehr wisst, wie ihr einen neuen Weg zueinander finden könnt, lässt sich das folgende Ritual sehr gut einsetzen. Ihr braucht beide jeweils eine weiße Kerze, eine gemeinsame rote Kordel und eine Räucherung aus Salbei und Kalmus. Selbstverständlich benötigt ihr auch eure Räucherschale mit Räucherkohle.

Das Ritual muss sieben Tage lang bei zunehmendem Mond durchgeführt werden, am besten immer zur gleichen Zeit.

An jedem Tag räuchert ihr und stellt eure Kerzen am ersten Abend in dem Abstand zueinander auf, den ihr für richtig haltet. Nun versinkt jeder von euch in Gedanken über eure Liebe, über das, was euch verbunden hat und noch immer verbindet, und über das, welche Wünsche ihr an die Zweisamkeit habt. Am zweiten Abend dürft ihr entweder beide oder auch nur einer von euch die Kerzen näher zueinander stellen. Allerdings darf jeder nur seine eigene Kerze bewegen. Nach sieben Tagen sollten die Kerzen wieder so nah beieinander stehen, wie ihr beide es euch wünscht.

Ist das nicht der Fall, besprecht eure Situation und findet heraus, was die Nähe verhindert. Öffnet während dieser sieben Tage euer Herz füreinander, Mit der größten Wahrscheinlichkeit wird der Abstand zwischen euch sich bis auf ein Minimum verkleinern. Am letzten Abend bindet ihr die Kerzenreste mit der roten Kordel zusammen und vergrabt sie im Garten oder bewahrt sie an einem sicheren Ort auf.

8

GUT GERÜSTET FÜR DIE PARTNERSCHAFT – WAS MAN FÜR SICH SELBST TUN KANN

Wer sich selbst nicht liebt, kann keine Liebe vom anderen erwarten. Diese Aussage ist sehr hart, aber du wirst schon die Erfahrung gemacht haben, dass viel Wahrheit in ihr liegt. Wenn du mit dir selbst im Clinch liegst, wird dein Partner oder deine Partnerin mit Liebe gar nicht zu dir durchdringen können. Wenn du dich nicht wertschätzt und dir selbst keine Aufmerksamkeit entgegenbringst, wird der, der dich liebt, nicht auf die Idee kommen, dass du dich gerade nach Aufmerksamkeit und Wertschätzung sehnst. Er oder sie wird verstört und verwirrt danebenstehen und sich fragen, was mit dir los ist. Der oder die Geliebte muss dann Zeuge sein, wie du dich schlecht behandelst, vernachlässigst und vielleicht sogar krank und traurig wirst. Das ist eine sehr gemeine und verletzende Art im Umgang mit dem anderen. Er wird sich sorgen und hilflos danebenstehen, wenn es dem oder der Geliebten nicht gut geht. Lass nicht zu, dass der andere dich leiden sieht und das Gefühl hat, dich betrauern zu müssen. Zeig dem anderen, dass er eine sichere Größe in deiner Selbstliebe sehen kann, denn normalerweise ist ein Liebender sehr an der körperlichen, geistigen und seelischen Gesundheit des geliebten Menschen interessiert. Zerstöre eure Liebe nicht, indem du dich zerstörst, lass eure Liebe nicht verwahrlosen, indem du dich verwahrlosen lässt.

Was kann aber alles dazu führen, dass wir Not leiden? Hier gilt es, dass jeder Mensch auf seinen Körper achten soll sowie auf seinen Geist und auch auf seine Seele. Eine Liebesbeziehung wird dich nicht davon abhalten, dich selbst zu lieben. Vielmehr hat das Paar eine Chance, die Wohltaten für Körper, Geist und Seele gemeinsam zu genießen, denn die meisten wohltuenden Handlungen brauchen sowohl Frauen als auch Männer, um sich auf jeder Ebene gesund und fit zu halten. Wer sich als Mensch in einer Liebesbeziehung selbst verrät oder sich selbst schädigt, verrät und schädigt die Liebe und damit auch den anderen. So hart das klingen mag, es ist die Wahrheit und schlicht und einfach nicht zu dulden. Stelle dir einmal vor, dass du einen Menschen von ganzem Herzen liebst. Du willst ihm nur das Beste gönnen und wünschst ihm Gesundheit, Glück und auch sonst alles nur erdenklich Gute. Nun siehst du zu, wie dieser geliebte Mensch sich vernachlässigt, das Essen vergisst, vor lauter Arbeit den Weg zum Sport nicht findet und kaum auf sich aufpasst. Allein, das zu sehen, wird deine Nerven arg strapazieren. Du wirst dich sorgen und sehr unter dem Kummer um den geliebten Menschen leiden. Und nun fragst du dich noch, warum es für den Partner so wichtig ist, sich selbst gegenüber seine Verpflichtungen anzunehmen?

Nimm dich also in die Pflicht, für dich selbst zu sorgen, dir selbst Gutes zu tun und für dich und dein Wohlergehen die volle Verantwortung zu tragen. Überlass das nicht dem Partner oder der Partnerin, ihr seid keine siamesischen Zwillinge und auch nicht gegenseitig in einem Eltern-Kind-Verhältnis. Ihr seid ein Liebespaar, an dem zwei erwachsene Menschen beteiligt sind. Erweist euch dieses Geschenkes als würdig und schätzt es wert. Und auch wenn du zurzeit keinen Partner hast, gehe wertschätzend mit deiner Liebesfähigkeit und Sehnsucht um. Lies in diesem Fall im folgenden Abschnitt, was du als Single tun kannst, um einen Partner zu finden.

LIEBESMAGIE FÜR SINGLES

Liebesmagie für Paare ist wunderbar, doch was ist, wenn jemand keinen Partner hat? Die meisten Menschen wünschen sich grundsätzlich ein Leben in Zweisamkeit. Auch wenn es durchaus in bestimmten Lebensphasen sinnvoll sein kann, allein zu bleiben, um sich selbst zu finden, ist doch der liebende Partner für die meisten Menschen eine Bereicherung, auf die sie nicht dauerhaft verzichten möchten. Manche Menschen wünschen sich leidvoll einen Partner herbei, der einfach nicht kommen will. Die einen reagieren mit Frustration und geben alle Hoffnungen auf, die anderen stürzen sich von einem Abenteuer in das nächste, nur um ihre Chancen zu erhöhen, der richtige Partner möge bald dabei sein.

Es gibt Möglichkeiten, seinen eigenen inneren Magnetismus so einzustellen, dass ein Partner angezogen werden kann. Hierfür ist wichtig, sich selbst damit zu befassen, wie dieses Leben in der Zweisamkeit aussehen soll und wird. Schließlich können wir nichts anziehen, was wir uns nicht vorstellen können. Deshalb ist eine möglichst genaue Vorstellung, ein detailliertes Bild ausgesprochen wichtig. »Ich will irgendwann mal irgendeinen Partner« ist eine Aussage ohne Kraft, hier weiß weder das eigene Bewusstsein noch das Universum, was geschehen soll. Wer solche leeren Aussagen trifft, wird warten und warten und warten. Und zudem wird er noch das Gefühl haben, dass sowieso alles nichts bringt. Damit entsteht ein Teufelskreis aus Frustration und Hoffnung, aus dem du nur schwer entkommst. Ich empfehle jedem Single, zuerst einmal ein Bild von seiner Zweisamkeit zu kreieren. Das kann in Form einer Collage, einer Geschichte oder einer inneren Vorstellung geschehen. Ist dieses Bild fertig, kann der Single sich auf den Weg machen, um genau das anzuziehen, was seinen Vorstellungen am ehesten entspricht. Einige kleine Tricks der weisen Frauen können dabei helfen, alle Antennen auf Empfang zu stellen, damit das Liebeswerk gelingen möge.

Räucherungen, um einen Liebespartner oder eine Liebespartnerin anzuziehen

Die Räucherung ist ein altbekanntes magisches Mittel und zugleich eines der wirkungsvollsten, die ich kenne. Leider wird die Wirkung der Räucherung heute selbst von modernen Hexen häufig unterschätzt. Räucherungen bieten viel Raum für die Innenschau und gerade, wer einen Wunsch oder eine Sehnsucht hat, sollte sich diese Zeit gönnen.

Die Kräuter, die in den folgenden magischen Räucherungen beschrieben werden, sind nicht, wie die Kräuter in den anderen Kapiteln, in ihrer Wirkung als unschädlich und anerkannt belegt. Es gibt keine Beweise für ihre Wirksamkeit außer der Tatsache, dass sie seit Jahrhunderten oder Jahrtausenden im reichen Wissensschatz der Weisen überliefert sind. Teste sie einfach selbst aus und erlebe, welche Hilfen sie dir bieten können.

Beim rituellen Räuchern ist es äußerst wichtig, dass deine Handlung vollkommen im Vordergrund steht. Deine Gedanken sollen sich nur mit deinem Wunsch beschäftigen, während du den Rauch beobachtest. Eine rituelle Räucherung führe bitte immer bis zum Ende, also bis zum Verglühen der Holzkohle durch. Wenn du auf einem Räuchersieb ohne Kohle räucherst, dauert deine Räucherung nie weniger als 45 Minuten. Lege während dieser Zeit regelmäßig Räucherwerk nach. Beende aber die Räucherung, wenn du ein körperliches Unwohlsein wie Schwindel, Kopfschmerzen oder Übelkeit fühlst. Auch gegen Räucherungen kann es Unverträglichkeiten geben. Lüfte nach einer rituellen Räucherung gründlich, denn die ätherischen Öle befinden sich in der Raumatmosphäre und du solltest Mitbewohnern und Gästen nicht gegen ihren Willen deren Wirkung aufdrängen. Achte bitte auch grundsätzlich darauf, dein Räucherwerk dort zu kaufen, wo man dir garantiert, dass keine chemischen Zusätze beigefügt wurden. Diese

Zusätze brauchst du nicht und sie können deinen Körper schädigen.

Räucherung zur Stärkung deiner Anziehungskraft

Mische sechs Teile Jasminblüten, zwei Teile Iriswurzel und zwei Teile Moschuskörner und beginne mit einer Räucherung sieben Tage vor Neumond. Am Neumondtag selbst gibst du zusätzlich einige getrocknete Basilikumblätter hinzu und führst die letzte Räucherung durch. Beschäftige dich während der Räucherungen mit dem Bild, einen Menschen anzuziehen, der dann liebevoll auf dich zukommt. Hüte dich aber davor, einen konkreten Menschen zu sehen, du könntest nämlich von deiner Sehnsucht und deiner Verliebtheit in einen anderen in die Irre geführt werden. Gibt deinem zukünftigen Partner oder deiner Partnerin keinen Namen und kein Gesicht, lass das Universum wirken, es wird dir schon den richtigen Gefährten schicken.

Räucherung, um eine Frau für sich zu gewinnen

Wenn du eine Frau für dich gewinnen willst, ist der Duft von Mädesüß besonders geeignet. Du kannst zusätzlich ein wenig Zimt räuchern, weil Zimt negative Energien fernhalten soll. Eine Räucherung in dem Raum, in dem du dich mit ihr aufhalten willst, solltest du etwa eine Stunde zuvor durchführen, dann allerdings auf das Lüften verzichten. Mache dir aber bewusst, dass du damit einen Einfluss auf sie ausübst, ohne sie zu fragen. Allerdings lässt Zimt auch die Gedanken klar werden, so dass du sie mit dieser Räucherung weder willenlos machst noch betäuben kannst.

Rituale, um einen Liebhaber anzuziehen

Die wirkungsvollste Art, die eigene große Liebe zu finden, ist sicher ein Ritual. Auch hier gilt es, offen zu bleiben und dem Universum und den Göttern freie Hand zu lassen. Lass also auch hier Namen und Gesicht außer Acht. Wie viele haben schon genau den bekommen, den sie wollten, und sind danach sehr unglücklich geworden? Und wie viele erlebten und erleben ihr großes Liebesglück mit einem Menschen, von dem sie es nie vermutet hätten?

Gewöhne dir an, regelmäßig die Venus anzurufen. Bitte sie, speziell am Freitag, dir deine Schönheit zu offenbaren, dich frei und selbstbewusst werden zu lassen.

Du kannst eine grüne Kerze und einen Rosenquarz nutzen. Eine Räuchermischung aus Sonnentau, Sandelholz und Lavendel eignet sich gut. Öle deine Hände und Füße ein, wenn dir die Zeit für eine Ganzkörperbehandlung fehlt. Vergiss nicht, dass du, ganz gleich ob Mann oder Frau, deine Schönheit nicht als Maske verwenden sollst, um dem anderen Geschlecht zu gefallen, sondern dass deine Schönheit und deren Pflege eine Ehre für die Venus ist. Wenn uns unsere Schönheit gleichgültig ist, verletzen wir diese Göttin, die durchaus launisch und zickig reagieren kann. Zünde zuerst die weiße Kerze als Schutzkerze an und bitte Venus darum, Schönheit und Harmonie in dir wirken zu lassen. Dann lege das Räucherwerk auf die Kohle und entzünde deine grüne Kerze. Nun beginne damit, deine Füße und deine Hände liebevoll mit Öl einzureiben. Sprich dabei:

»In Liebe handeln, in Liebe wandeln –
das sei mein Leben,
möge Venus mir die Kraft dafür geben.
So sei es! So sei es! So sei es!«

Meditiere nun jeden Freitag mit diesem Spruch über deiner Ritualkerze, bis sie ganz heruntergebrannt ist. Nimm dir dafür immer mindestens 15 Minuten Zeit.

Ritual zum Rufen deiner großen Liebe

Wähle für diesen Tag einen Freitag bei abnehmendem Mond, optimal ist jedoch ein Vollmondtag. Für dieses Ritual brauchst du Feuer, Wasser, Erde und Luft, also eine weiße Kerze, einen Kelch mit Wasser, Räucherutensilien und Verbene und eine weiße, kleine Feder. Außerdem benötigst du etwa drei Meter dünne, hellgrüne Baumwolle und Salz. Reinige dich und deine Utensilien vor dem Ritual und führe es nur durch, wenn du wirklich bereit bist, dein Leben so zu verändern, wie es in einer wirklichen Liebesbeziehung geschieht.

Begib dich an deinen Ritualort und ziehe einen Schutzkreis aus Salz um dich und um deine magischen Gegenstände. Nun entzünde deine Kerze und rufe die Venus mit den folgenden Worten um Hilfe an: »Göttin der Liebe und Göttin der Schönheit, öffne mein Herz, damit ich den Boten (die Botin) der Liebe einlassen kann.« Gib Verbene auf die Räucherkohle und warte, bis du die Anwesenheit der Göttin fühlen kannst. Dann rufe deine Liebe zu dir.

»Bote (Botin) der Liebe, ich bin bereit,
nun gehen wir unseren Weg zu zweit.
Bring mir die Nachricht unserer Liebe,
auf dass ich fühle die zarten Triebe.
So sei es! So sei es! So sei es!«

Bleibe nun so lange an deinem Ritualort, bis die Räucherkohle verglüht ist, und visualisiere, wie deine wahre Liebe über das Wasser, auf dem Landweg und durch die Luft zu dir kommt. Zum Schluss stellst du dir vor, wie er oder sie und du auf euren noch getrennten Wegen durch ein Feuer geht, um beieinander zu sein.

Talisman mit magischer Anziehung

Diesen Talisman kannst du für dich selbst oder für jemand anderen herstellen, dem du einen Partner wünschst. Besorge dir getrocknete Rosenblätter und ein Stück Birkenrinde oder dünnes Birkenholz sowie feinen kupferfarbenen Draht. Außerdem brauchst du eine Räucherschale mit Räucherkohle und Iriswurzel. Nun befestigst du mit Hilfe des Drahtes für jede Eigenschaft, die der gewünschte Partner oder die Partnerin haben soll, ein Rosenblatt an der Birkenrinde. Werde aber in deinen Wünschen nicht zu eng. Die Haarfarbe oder der Beruf sollten nicht wirklich eine Rolle spielen, wenn es um wahre Liebe geht. Anschließend beginnst du die Räucherung. Iriswurzel soll die Attraktivität, also die Anziehungskraft, erhöhen, deshalb wird der Talisman darübergehalten, um möglichst viel Rauch zu binden. Anschließend trage den Talisman immer bei dir, ganz gleich, wohin du gehst, schließlich weißt du nie, wo die Liebe dir begegnet.

STÄRKEN UND SCHWÄCHEN ANNEHMEN

Bei der Überschrift dieses Kapitels habe ich lange gezögert. »Stärken und Schwächen annehmen« ist inzwischen ein pseudopsychologisches Schlagwort, in aller Munde und doch nicht verstanden. Es wird oft umgestaltet zu einem »Ich will so bleiben, wie ich bin«. Aber das bedeutet es gar nicht. Es bedeutet, sich selbst in seiner Ganzheit anzunehmen und zu lieben. Es bedeutet, kritisch mit sich umzugehen, die Stärken und die Schwächen zu sehen und jeweils als solche auch zu erkennen. Es bedeutet auch, Kritik des anderen nicht als Meckerei oder Lieblosigkeit aufzufassen, sondern in ihr wichtige Hinweise für die eigene Entwicklung zu finden. Nur, wer seine Schwächen annehmen kann, kann sie auch verändern oder sogar abstellen. Nur wer weiß, dass er Schwächen hat, und diese auch direkt und offen als Schwächen sieht, ist vor der Überheblichkeit geschützt, sich für perfekt oder unantastbar zu halten. Hier geht es um die Wertschätzung, die wir uns selbst gegenüber sehen und um die Frage, was an uns wertschätzbar ist. Es ist nicht unsere Leistung, unsere Perfektion. Wertschätzung verdient, dass wir leben und uns dem Leben stellen. Wertschätzung verdient, dass wir die Magie der Liebe wagen und uns nicht verkriechen oder resignieren. Wertschätzung verdient, dass wir fallen und aufstehen, immer und immer wieder und dass wir nicht liegen bleiben, ganz gleich, wie hart der letzte Sturz war. Wertschätzung verdient, dass wir uns hingeben können und uns immer wieder eine Chance geben. Das alles verdient Wertschätzung. Dabei ist es durchaus möglich, die eigenen Fehler und Schwächen zu sehen, zu erkennen und zum Wohle der eigenen Entwicklung wegzuräumen und zu verändern.

SICH SELBST VERPFLICHTET SEIN

Zuerst leben wir in einer Beziehung zu uns selbst, bevor wir nach außen treten können und einem anderen Menschen ein Partner sein können. Wir haben Verpflichtungen uns selbst gegenüber, denn wir sind der einzige Mensch, der für uns verantwortlich ist. Denken wir noch einmal an die Märchenfiguren Dornröschen und Aschenputtel. Wären die Prinzen nicht aufgetaucht, wären beide Frauen versauert und hätten ihr ganzes Leben verpasst bzw. verschlafen. So ist das Leben nicht gedacht. Wir haben nur dieses eine Leben und nur uns selbst. Wenn wir unsere Verantwortung für uns nicht wahrnehmen, gehen wir unter. Und in der letzten Konsequenz bieten wir dann unserem Partner ein ungepflegtes, ungeliebtes Gegenüber. Das ist nicht Sinn einer Liebesbeziehung. Schon um der Beziehung willen sollten wir unsere Verpflichtung uns selbst gegenüber einhalten.

Worin besteht unsere Verpflichtung uns selbst gegenüber? In erster Linie ist es die bereits erwähnte Verpflichtung zur körperlichen, seelischen und geistigen Gesundheit. Dazu gehören unsere Ernährung und unsere Entspannung, die Pflege unseres Geistes und die Arbeit an unserem eigenen Glück. Wir alle haben Verpflichtungen in der Außenwelt. Wir gehen pünktlich zur Arbeit, wir bezahlen unsere Miete und andere Rechnungen und wir verschicken Geburtstagsgrüße an Freunde und Verwandte. In unserem Terminkalender steht alles, nur eines fehlt normalerweise: In den wenigstens Zeitplanungen haben die Menschen ihre Termine mit sich selbst fixiert. Und die Verabredungen mit dem Partner werden nach der ersten Phase auch meistens nicht mehr festgeschrieben.

Wenn ich manchmal die Zeitplanung von Menschen erfrage, die bei mir Rat suchen, bin ich erschüttert. Ich finde in ihren Gedanken und Planungen manchmal nichts Privates. In meiner Rolle als Psychologische Beraterin schlage ich dann Verhaltensveränderungen vor. Der Erfolg ist mäßig, denn sich selbst verpflichtet sein bleibt eine leere Prämisse, wenn sie nur im Gehirn, nicht aber in Geist und Seele verankert ist. In den 13 Hexenregeln, die ich im »Seelenwissen der weisen Frauen« bearbeitet habe, sehe ich einen Schlüssel für diese Frage, denn nur, wenn ich bereit bin, mich selbst auf mein Leben und meine Liebe zu verpflichten, werde ich Lebendigkeit und Liebe ernten können. Magische Übungen und Handlungen können die Verpflichtung sich selbst gegenüber stärken und so ermöglichen, ein selbstbestimmtes Leben zu führen, wie es die weiße Magie anstrebt.

Magische Übung für mehr Verpflichtung
sich selbst gegenüber

Pack dir ein magisches Wochenpaket. Trage in deinem Termin-kalender für jeden Tag eine halbe Stunde ein, die du mit dir ganz allein verbringen wirst. Hierfür stellst du erst einmal auf, was du in dieser Zeit für dich machen möchtest. Ich empfehle am Anfang eine tägliche Räucherung. Welches ist im Moment dein schwächs-ter Anteil? Ist es dein Körper, deine Seele oder dein Geist? Was liegt am ehesten brach, wo hast du dich am wenigsten um dich selbst gekümmert? Wenn du eine Woche lang für genau diesen Aspekt räucherst, hast du schon den ersten Schritt getan. Allerdings ist wichtig, dass du diesen Termin mit dir selbst genauso wichtig nimmst wie die anderen Termine. Zu deiner Räucherung darfst du genauso wenig zu spät kommen wie zur Arbeit. Und du darfst dich bei deiner Räucherung ebenso wenig verspäten wie bei der Über-weisung deiner Telefonrechnung.

Suche dir die für dich passende Räucherung aus und führe sie eine Woche lang 30 Minuten lang durch, ohne dich ablenken zu lassen.

Räucherung für den Körper
Für deinen Körper räuchere Salbei und Wacholder.

Räucherung für die Seele
Der Seele tut eine Räucherung aus Lavendel und Zimt sehr gut.

Räucherung für den Geist
Für deinen Geist räuchere Basilikum und Rosmarin.

Wenn du nicht gern räucherst, empfehle ich dir, dir selbst gegen-über eine Verpflichtung einzugehen, die sehr wenig Zeit fordert.

Energetisiere Wasser und trinke von dem Wasser drei Liter täglich. Lass dich durch nichts und niemanden davon abbringen, und zwar eine ganze Woche lang nicht.

Wasser für den Körper
Gib einen Rosenquarz und einen Calzit in dein Wasser.

Wasser für die Seele
Energetisiere dein Wasser mit Larimar und Rubin.

Wasser für den Geist
Gib einen Amethyst und einen Bergkristall in dein Wasser.

MIT SICH SELBST IM EINKLANG SEIN

Eine alte japanische Weisheit lautet: »Wenn du zwei Pfennige hast, dann gibt einen für Brot aus und einen für ein paar Hyazinthen, die deine Seele erfreuen.«

Mit sich selbst kommt ein Mensch in Einklang, wenn er auf körperlicher, geistiger und seelischer Ebene zufrieden ist. Wer Mangel leidet und unzufrieden ist, kommt aus dem Gleichgewicht. Und wer nicht im Gleichgewicht lebt, schwankt, er fürchtet, von anderen bedroht, ins Wanken gebracht zu werden. Das eigene innere Gleichgewicht zu finden ist nicht immer leicht. Vor allem müssen wir dafür in Erfahrung bringen, was genau wir brauchen, um stabil zu bleiben. Das fängt oftmals schon bei der Ernährung an. Was essen wir und wann, um uns körperlich fit und gesund zu fühlen?

Es setzt sich auf geistiger Ebene fort, auch hier brauchen wir Kenntnis unserer selbst. Wie viel geistige Anregung wünschen wir uns, wann sind wir unterfordert und wann eher überfordert?

Selbstverständlich darf auch die Seele nicht vernachlässigt werden. Musik, Kunst, Entspannung, Zärtlichkeit, Spiritualität, das alles sind wichtige seelische Nahrungsmittel. Wann sind wir seelisch satt, wann hungern wir trotz einer bestehenden Partnerschaft? Wer seinen eigenen Bedarf gut kennt, kann für sich selbst sorgen und ist nicht darauf angewiesen, dass er zufällig gute oder schlechte Zeiten erlebt. Und wer satt ist, wird nicht ständig am Partner herumnörgeln, Forderungen aufstellen oder ihm die eigene Unzufriedenheit vorwerfen. Im Einklang mit sich selbst sein bedingt also, dass wir uns einmal auf uns selbst zurückbesinnen und uns über unsere eigenen Bedürfnisse klar werden. Gehen wir davon aus, dass wir nach einer stillen Stunde Klarheit über das gewonnen haben, heißt es nun, dem Partner deutlich machen, wie wichtig unsere eigene Ausgeglichenheit für uns ist. Es handelt sich um den Vorgang der Beachtung uns selbst gegenüber. Beachtung trägt das Wort Achtung in sich, wir müssen uns selbst also achten, um im Einklang mit uns selbst sein zu können. Erst wenn wir achten, wer wir wirklich sind, können wir uns sicher und stabil in unserem Leben fühlen. Wenn wir uns nicht beachten, sondern nur darauf achten, was der andere von uns will oder in uns sieht, stimmt unser Leben nicht mit unserer Persönlichkeit überein. Wir geraten dadurch aus dem Gleichgewicht und es kostet große Kraft, die Spanne zwischen unserer eigenen Person und unserem fremdgesteuerten Leben zu überbrücken.

Achtsamkeit ist eine Tugend, eine der drei großen Tugenden der Liebe, die oben schon angesprochen wurden. Achtsam sich selbst gegenüber sein heißt, wahrnehmen, wer man ist, was man fühlt, was man will. Nur wer sich selbst spürt, kann sich seiner inneren Wahrheit entsprechend verhalten und ein wirklicher Partner sein. Sind beide Partner achtsam gegen einander und begegnen sie sich mit Respekt, werden sie versuchen, zwei Persönlichkeiten zu ihrem

Recht kommen zu lassen. Keiner von beiden muss sich für die Beziehung oder für den Partner speziell verbiegen oder gegen seine innere Wahrheit stellen. Sicher kann es immer wieder vorkommen, dass der eine Partner will, was der andere nicht will oder gar nicht leisten kann. Was geschieht, wenn die Bedürfnisse in einer Liebesbeziehung nicht befriedigt werden können? Wenn sich keine Kompromisse finden lassen, mit denen beide Partner glücklich sind, begreift ein weises Paar, dass eine Beziehung kein Warenhaus ist. Es ist durchaus denkbar und vielleicht sogar notwendig, auch außerhalb der Beziehung nach Möglichkeiten zu suchen, seine Bedürfnisse zu befriedigen. Niemals kann ein einzelner Mensch alle Bedürfnisse erfüllen, die ein anderer in einer Beziehung hat. Der Partner kann nicht gleichzeitig bester Kumpel, oberflächlicher Spaßbegleiter, Superlover und Kuscheltier sein. Weise Paare tun gut daran, sich nicht gegenseitig zu überfordern. Der andere kann geben, was er hat, nicht mehr. Er kann wachsen und dann mehr haben und mehr geben, aber zuerst muss er die Möglichkeiten für dieses Wachstum erhalten.

Hier hilft vielleicht eine Lösung, die es im antiken Griechenland gab: Dort wurde unterschieden zwischen der erotischen Liebe, der freundschaftlichen Liebe und der mitmenschlichen Liebe. Uns allen ist der Begriff der platonischen Liebe vertraut, der auf den griechischen Philosophen Plato zurückgeht.

Er unterschied die verschiedenen Arten der Liebe sehr klug. Wir alle wissen, dass wir die mitmenschliche Liebe, die »agape« unserer ganzen Umgebung gegenüber leben können. Diese mitmenschliche Liebe zeigt sich, wenn wir einer alten Dame über die Straße helfen, einem weinenden Kind über das Haar streichen oder einer Wohltätigkeitsorganisation spenden. Diese wichtige Ausprägung der Liebe hält unsere Herzen offen und sorgt dafür, dass wir nicht in Egozentrik abrutschen. Wir sind aufgefordert, Not zu sehen und – wenn nötig – zu helfen. »Agapae« hat nichts mit Höflichkeit zu tun, sondern mit einem echten Gefühl für eine echte Notlage, in der ein Lebewesen sich befindet. Wir leben diese Liebe, wenn wir einen Käfer umdrehen, der auf den Rücken gefallen ist, oder einer Wespe, die sich ins Haus verirrt, das Fenster öffnen, damit sie herausfliegen kann. Selbstverständlich gehört diese Liebe auch in eine Zweisamkeit, doch sie wird auch in der weiteren Umgebung ausgelebt. Miteinander füreinander da sein ist eine natürliche Handlungsweise, die jeder überall leben sollte. Hier geht es um die Verbundenheit in der Schöpfung, die Verbundenheit mit dem Ganzen, nicht um die Verbindung zweier Individuen, die noch mehr Facetten der Liebe miteinander leben. Diese Art von Liebe, die vor allem Jesus von Nazareth immer wieder angesprochen hat, ist die Liebe der Schöpfung gegenüber, die ich in jedem Lebewesen erkennen kann. Für diese Liebe gibt es keine Dankbarkeit, denn wenn ich die Schöpfung liebe, liebe ich mich selbst. Jesus hat gesagt, er sei die Liebe und wer den geringsten unter den Menschen liebe, habe damit auch ihn geliebt. Liebe wird durch Liebe gefüttert, durch echtes Mitgefühl, das aus dem Herzen kommt, nicht durch Höflichkeiten oder Wohlerzogenheit aus dem Kopf oder der elterlichen Erziehung zum Anstand.

Die zweite Form der Liebe, die Plato zu erkennen glaubte, war das Gefühl, das wir heute noch als platonische Liebe kennen. Es geht um die freundschaftliche Verbundenheit zweier oder mehrerer Menschen, die jeweils ein tiefes Verständnis für die individuellen Gedanken und Gefühle des anderen haben. Platonische Liebe gibt es zwischen Menschen des gleichen oder unterschiedlichen Geschlechts, sie ist klar von der erotischen Anziehung abgegrenzt. Sie geht aber über die Agape hinaus, weil sie die Persönlichkeiten der Beteiligten berücksichtigt. In der platonischen Liebe wird auch gemeinsam die Freude geteilt, es findet normalerweise ein tiefer

Gedankenaustausch statt, die platonisch Liebenden empfinden sich durchaus auch als Weggefährten. Manchmal haben die Partner in einer Liebesbeziehung wenig von dieser platonischen Liebe in ihrer Zweisamkeit. Dann gewinnen Freunde eine große Bedeutung, denn Seelenverwandte sind notwendige Spiegel für einen Menschen, der sich entwickeln will. Jeder Mensch empfindet ein unterschiedliches Bedürfnis nach Freunden. Manchem genügt der Liebespartner völlig, wenn er sich ausreichend beantwortet fühlt. Andere wiederum pflegen eine oder zwei gute Freundschaften über sehr lange Abschnitte in ihrem Leben. Diese Freundschaften gehören oft zur Persönlichkeit wie Verwandte und werden die Zweisamkeit sicher nicht stören. Die dritte Form der Liebe ist die erotische Liebe, die den Körper mit einbezieht und sich auch über körperlichen Kontakt darstellt. Diese Liebe macht den Hauptanteil einer Liebesbeziehung aus und normalerweise wird sie in unserem Kulturkreis nur mit einem anderen Menschen gleichzeitig gelebt. Die erotische Liebe ist eine hohe Kunst, denn sie wird nie zur Gewohnheit und bedingt, dass beide Liebenden füreinander wach und offen bleiben.

Wer mit sich selbst im Einklang ist, findet in seinem Leben alle drei Arten der Liebe, die er entweder mit sich selbst oder mit sich selbst und anderen zur Entfaltung bringen kann. Letztlich könnte man vereinfacht sagen, dass es um die Liebe der Seele (Agape), die Liebe des Geistes (platonische Liebe) und um die Liebe des Körpers (Erotik) geht.

Achtsamkeit heißt auch, Grenzen zu erkennen und zu beachten. Am Anfang einer Liebe hat jeder Partner das Gefühl der Grenzenlosigkeit. Der andere könnte nie zu nahe kommen, nie verletzend werden, er stört nie, er nervt nicht, nichts und niemand soll zwischen den beiden Partnern stehen. Viele Paare erleben diese Phase mit dem innigen Bedürfnis des Verschlingens und haben nichts dagegen, verschlungen zu werden. Doch recht bald, meistens schon in den ersten Monaten, entwickelt sich das Bedürfnis nach Abstand und Distanz. Das liegt in der menschlichen Natur. Wir sind keine Schlingpflanzen und auch keine Wirtstiere für Schmarotzer, wie es in Flora und Fauna durchaus vorkommt. Jedes menschliche Lebewesen hat den Wunsch nach eigenem Wachstum und Entwicklung und gleichzeitig nach der Verbindung mit anderem Lebewesen und besonders nach einer Verbindung mit einem passenden Partner. Hier entsteht natürlich ein Spannungsfeld. In der ersten Zeit haben wir uns vielleicht verhalten wie ein Baum, der gern dazu einlädt, dass ein Efeu sich an ihm rankt, oder wie ein Nilpferd, das Vögeln als lebenden Insektenschutz willkommen heißt. Der Mensch ist aber kein Baum und auch kein Nilpferd. Plötzlich fühlen wir uns eingeengt und bedrängt, haben das Gefuhl, nicht mehr frei atmen zu können, und wünschen uns vielleicht sogar das Singlesein zurück, das wir doch gerade erst mühevoll beendet haben. Wir Menschen leben nicht symbiotisch mit anderen Menschen zusammen. Partnerschaften sind keine siamesische Zwillingschaften und das merken wir auch. Durch eine erdrückende Nähe wird das Überleben des Einzelnen bedroht. Hierzu schrieb Leonardo da Vinci einst: »Ich weiß, dass viele Gott und die Welt vernichten würden, um ihre eigene Begierde zu befriedigen.« Diese Vernichtung aus der Gier nach der Zuwendung des Partners ist gefährlich und muss unweigerlich zur Trennung führen. Das bedeutet, dass die beiden Liebenden sich als eigene Wesen begreifen und zulassen müssen. Heute sagen wir häufig, wir müssen dem Partner seine Freiheit lassen, doch wir müssen auch uns unsere Freiheit zugestehen. Selbstverständlich ist Freiheit nicht gleichzusetzen mit einem Freibrief für alle Situationen. Hier helfen nur gemeinsame Gespräche über die verschiedenen Vorstellungen von Beziehungen. Jeder sollte seine eigenen Grenzen benennen und die des anderen erkennen und akzeptieren können.

Wie grenzten sich die Weisen in ihren Liebesbeziehungen voneinander ab? Wenn ich mich einfühle in die Hochzeitszeremonien der Weisen, die ich oben bereits näher beschrieben habe, empfinde ich eine große Gelassenheit und Ruhe. Hier wurde von der Unendlichkeit ausgegangen und das nicht mit einem drohenden Schwert: »Wehe, du schaffst das nicht!« Zwei Menschen waren sich ihrer Liebe sicher und glaubten an deren Bestand. Das bedeutet aber eben auch, dass die Liebe nicht an äußere Aspekte gebunden war. Die Weisen waren innig mit dem Liebespartner verbunden und gleichzeitig wussten sie genau, wo sie standen, nämlich im Kreislauf der Schöpfung. So hatten die Weisen einen Halt in der natürlichen oder auch göttlichen Ordnung. Das Erkennen von Grenzen war leichter als heute. Heute dagegen retten sich in Liebesbeziehungen häufig zwei Nichtschwimmer im grenzenlosen Ozean – oder sie versuchen es zumindest. Unsere modernen Grenzen heißen: »Ich will nicht« oder »Ich habe keine Lust.« Wenn wir genau hinschauen, handelt es sich um Kindereien, die wir einem erwachsenen Partner schon fast nicht zumuten können. Wir haben keine Beweggründe mehr für unsere Grenzen. Wir denken uns aus, was wir gern hätten, und verwechseln unsere Grenzen häufig mit Unlustgefühlen. Unsere Frustrationsgrenze ist sehr niedrig, schon die falsche Zahnpasta kann moderne Zeitgenossen in Wut versetzen.

Das macht es natürlich nicht einfach, eine Liebesbeziehung in den Alltag zu integrieren. Wenn sich jeder von uns fragte, wo denn wirkliche Grenzen liegen und wo nur Unannehmlichkeiten unseren gewohnten Rhythmus stören, wäre uns gerade hinsichtlich einer Liebespartnerschaft sehr geholfen.

Ich hörte unlängst ein Interview mit einer Autorin, die sich mit dem Wünschen befasste. Sehr klug sprach sie von den »Winkwünschen«, die an jeder Ecke lauerten. Sie beschrieb, wie wir uns ständig ablenken lassen von unseren eigentlichen Zielen, weil wir in einer Welt mit schier unerträglich vielen Außenreizen leben. Wenn die Liebe ein Herzenswunsch ist, werden unsere Grenzen weiter und wir werden lernen, vieles als Kleinigkeit zu sehen, was wir sonst im Zuge der Selbstbehauptung und des Machterhalts überhöhen.

RITUALE FÜR DIE LIEBE ZU SICH SELBST

Die folgenden Rituale können die Eigenliebe unterstützen. Ich gebe jeweils den entsprechenden Ritualtag und den Mondstand an, damit ihre Wirkung bestmöglich genutzt werden kann.

Das erste Ritual ist ein Ritual für den Venustag (Freitag) bei abnehmendem Mond. Es wird unter der Dusche bzw. im Bad durchgeführt. Mischt fünf Esslöffel Distelöl und Salz so zusammen, dass sich eine breiähnliche Masse ergibt. Zusätzlich braucht ihr eine weiße Kerze, ein Stück Papier, einen Füller und ein Stück grüne Kordel. Stellt alle Zutaten im Badezimmer bereit. Macht euch nun bewusst, welchen seelischen Ballast ihr gern abwaschen möchtet. Quält ihr euch mit Eifersucht, Sorgen, belastenden Erfahrungen aus der Vergangenheit? Beantwortet diese Frage ausführlich und erkennt, was auf eurer Seele liegt, ohne dass ihr es bräuchtet. Teilt das

Papier in zwei Hälften und schreibt auf die eine Hälfte den Ballast, auf die andere die positive Entsprechung. Also etwa Vertrauen gegen Eifersucht, Verzeihen gegen Wut, Toleranz gegen Manipulationsversuche usw. Damit habt ihr jetzt eine negative und eine positive Seite dargestellt. Nun stellt ihr euch unter die Dusche und legt das Stück Papier mit den belastenden Aspekten zu euren Füßen. Beginnt, euren ganzen Körper unter fließendem Wasser mit der Öl-Salz-Mischung abzureiben und zu reinigen. Lasst aber bitte kein Salz in Wunden oder verletzte Hautstellen eindringen. Beobachtet, wie unter dem fließenden Wasser auch die Tinte auf eurem Papier verschwindet. Wenn ihr das Gefühl habt, alles abgewaschen zu haben, tupft euch sanft trocken und zündet die weiße Kerze an. Faltet das Papier mit den positiven Begriffen zusammen und knotet das grüne Band darum. Tragt diese Werte als Mahnung für eure Eigenliebe in der Hosentasche und versäumt nicht, die notierten Begriffe auch in der Praxis euch selbst gegenüber zu leben.

Das folgende Ritual ist bei zunehmendem Mond ebenfalls am Freitag zu begehen. Hierfür werden drei Teelichter, ein wohlriechendes Ölbad und eine Mischung aus drei Esslöffeln Quark und drei Esslöffeln Honig benötigt. Außerdem braucht ihr eine Badewanne. Bereitet ein warmes Bad zu, dem ihr das Ölbad zufügt. Dann entzünden ihr die drei Kerzen auf dem Badewannenrand und verteilt die Quark-Honig-Mischung auf dem Gesicht und dem Hals. Das können übrigens auch Männer tun, auch Männerhaut braucht Nährstoffe. Steigt in die Wanne und schließt die Augen für die Dauer einiger tiefer Atemzüge. Sprecht nun den folgenden Zauberspruch dreimal langsam und deutlich:

»Ich nähre mich selbst und lasse mich wachsen,
auf das ich selbst meine Schönheit ernten möge.
So sei es! So sei es! So sei es!«

Sich selbst Gutes tun ist eine wichtige Voraussetzung für eine harmonische Liebesbeziehung. Wer kennt nicht die Sorge um die Gesundheit des Partners, wer ist nicht bekümmert, wenn er sieht, dass es nicht gut um die Gesundheit und das Wohlergehen des Partners bestellt ist? Die beiden folgenden Hinweise sind für den Samstag bestimmt, für den Tag des Gottes Saturn, der unter anderem für die Beschränkung und Askese steht, die der Gesundheit dienlich sein können, wenn sie in Maßen gelebt werden.

Ritual zur Entwöhnung von einem Suchtmittel

Suchtmittel sind immer ein Hinweis darauf, dass der Mensch sich selbst schädigt, ohne dass es ihn großartig stört. Niemand würde einem anderen Gift einflößen, wenn er ihm nicht schaden will. Uns selbst können wir oft vergiften, ohne dass sich unser Gewissen rührt. Denken wir an Zigaretten, Alkoholmissbrauch oder andere »Alltagssüchte«. Wie können wir behaupten, dem anderen nur das Beste zu gönnen, wenn wir uns gegenüber nachlässig und schädigend sind? Das folgende Kerzenritual kann uns helfen, die Liebe zu uns selbst wieder zu finden, indem wir uns von Abhängigkeiten befreien.

Für dieses Ritual brauchst du eine schwarze und eine weiße Kerze, eine Räuchermischung aus Kamille, Ringelblumenblüten und Johanniskraut, eine Räucherschale, einen Kelch mit Wasser, eine Feder und eine Handvoll Erde. Außerdem werden Papier und Feder benötigt. Reinige dich selbst und auch die beiden Kerzen, die Räucherschale sowie die Feder und den Kelch.

Begib dich an einen ruhigen Ort, nachdem du einen Samstag bei abnehmendem Mond gewählt hast. Schreibe auf das Blatt Papier, was du loswerden willst.

Entzünde die schwarze Kerze und visualisiere, wie du dich ohne den besagten schädigenden Aspekt fühlen wirst. Dann entzünde die Räucherkohle und gib ein wenig Räucherwerk darauf, bis der Rauch nach oben steigt. Dann rolle das Papier zusammen und streiche mit der Feder darüber. Dazu sprich:

»Element Luft, der Freiheit Duft,
den Dreck von mir,
nimm ihn hinweg.«

Anschließen tunke das eingerollte Papier in den Kelch und sprich:

»Wasserelement, das die Welt als Reiniger kennt,
mach mich klar und rein,
suchtfrei will ich sein.«

Im nächsten Schritt bedeckst du das Papier mit Erde und sprichst dazu:

»Element Erde, Umwandlung nun werde,
mach aus Sucht jetzt das,
was ich gesucht.«

Wenn du so gehandelt hast, kommt zum Schluss das vierte Element, das Feuer, an die Reihe.

Du entzündest das Papier an der schwarzen Kerze und legst es danach auf die Räucherkohle. Entzünde die weiße Kerze an der schwarzen und lösche die schwarze Kerze dann. Die weiße Kerze kannst du zur Begleitung in der Entwöhnungsphase immer wieder anzünden und dir dabei deinen Zauberspruch ins Gedächtnis rufen.

Ein Fest für mehr Selbstbewusstsein

Für den Sonntag, den Tag der männlichen Energien und der Sonnenkraft, stelle ich dir ein Ritual für mehr Selbstbewusstsein vor, denn auch der Erhalt der eigenen Stärke gehört zur Eigenliebe. Am besten führst du dieses Ritual bei zunehmendem Mond an einem frühen Sonntagmorgen durch. Es lohnt sich, den Aufgang der Sonne zu beobachten, während man ein Sonnenritual zelebriert. Du benötigst für dieses Ritual drei gelbe Kerzen, eine Räucherschale mit Räucherkohle, eine Räuchermischung aus Lorbeer und Eichenrinde und einen Kelch. Außerdem brauchst du Salz oder ein Stück Kreide, deinen Kelch und einen Seidenschal oder eine Feder.

Stelle deine magischen Utensilien vor dir auf und ziehe einen Schutzkreis um dich und deinen Ritualplatz herum.

Stelle dich aufrecht hin, hebe die Arme zum Himmel und rufe die Kraft der Sonne.

»Sonne, klar und warm, ich rufe deine Kraft zu mir. In mir soll es wachsen und stark werden.«

Nun gibt Räucherwerk auf die Holzkohle und zünde die erste Kerze an, während du sprichst: »Ich will so stark wie die Sonne im Körper sein.« Visualisiere, wie sich eine kräftig gelbe Sonne in deinem Nabelbereich ausbreitet und von dort in alle Körperregionen ausstrahlt. Dann zünde die zweite Kerze an und sprich: »Ich will stark wie die Sonne im Geiste sein.« Visualisiere wieder die Sonne in dir, die sich ausbreitet. Nun zündest du die dritte Kerze an und sprichst: »Ich will stark wie die Sonne in der Seele sein.«

Jetzt visualisiere, wie du selbst eingehüllt bist in einen Mantel oder Umhang aus Sonnenlicht. Erst, wenn die jeweilige Vorstellung ganz fest steht, darfst du übrigens weitergehen. Wenn du das Ritual beenden möchtest, bedankst du dich bei der Sonne für ihre Anwesenheit und löscht die Kerzen aus. Dieses Ritual hat nur dann eine Wirkung, wenn du es mindestens bis zum nächsten Neumond täglich wiederholst.

Nun sind wir am Ende dieses Buches angekommen und ein Liebespaar kann eigentlich schon fast wieder von vorn anfangen zu üben, zu zelebrieren und vieles mehr. Diese Gedanken sind aufgeschrieben worden, um der Liebe mehr Platz zu schaffen. Stelle das Buch nicht einfach nicht einen Bücherschrank, sieh es selbst als einen guten Geist, der dich immer wieder antippt und dir zuflüstert: Vergiss die Liebe in deinem Leben nicht! Kein Gefühl bleibt von selbst, leider haben wir immer wieder unseren Geist zu konzentrieren, damit er sich dahin wendet, wo wir ihn haben wollen. Liebe ist möglich und Liebe ist die einzige Kraft, die uns davor schützen kann, seelenlos, traurig und abhängig durch diese Welt zu gehen. Liebe die Liebe, die zwischen Eltern und Kindern, zwischen Alten und Jungen, die Liebe zur Natur, die Liebe zum eigenen Leben. Liebe ist wie die Göttin Venus, anspruchsvoll und sehr launisch. Wenn wir die Liebe verärgern, verschwinden Harmonie und Wohlgefühl. Und Venus lässt sich nicht einfach befehlen, was sie zu tun und zu lassen hat. Diese Göttin der Liebe will regelmäßige Aufmerksamkeit, Achtung und Respekt. Vor allem will sie die Göttin sein. Venus lässt sich nicht beherrschen, sie lässt sich verehren. Wenn zwei Liebende gemeinsam die Liebe verehren, wird Venus ihnen gewogen bleiben, dessen bin ich sicher. Geh also gleich ans Werk und denke darüber nach, wo in deiner Wohnung oder in deinem Haus ein geeignetes Plätzchen wäre, um der Venus einen kleinen Altar zu errichten. Halte es wie die Römer, die den verschiedenen Gottheiten Hausaltäre aufstellten. Du brauchst nicht viel Platz, notfalls nur eine besonders hübsche, hellgrüne Kerze. Hellgrün ist die Farbe der Venus, sie steht für Liebe und für Hoffnung gleichermaßen. Auf diesen Altar kannst du legen oder stellen, was du mit Liebe verbindest. Aber pflege diesen Venusaltar täglich, vernachlässige ihn nicht. Denn auch wenn du einmal Liebeskummer hast oder keine Liebe in deinem Leben vermutest – Venus wird dich erinnern, dass die Liebe immer bei uns ist, auch wenn wir sie nicht sehen.

NACHWORT
MEIN WEG MIT DER WEISSEN MAGIE

Dieses Buch ist das dritte in meiner Reihe über das Wissen der weisen Frauen. Ich möchte den Lesern und Leserinnen deshalb etwas über mich, die Autorin, erzählen.

Magie begleitet mich, wie jeden anderen Menschen auch, schon seit ich denken kann. Dem Kind fällt es leicht, die Magie in der Natur zu sehen und über Wunder zu staunen, die es nicht verstehen kann und auch gar nicht verstehen möchte. Mir ging es mit etwa sechs Jahren bewusst so. Ich begriff, dass es etwas geben müsse, was weit über meinen Schutzengel hinausging. Ich fühlte, dass es etwas gab, was nicht nur speziell für mich vorhanden war, nicht nur auf mich aufpasste, sondern dass es etwas geben musste, was alle Lebewesen verband. Mich erfüllte dieses Gefühl mit einer Freude und Zuversicht, die ich mir bis heute erhalten habe. Als Kind hatte ich keine Zweifel daran, mit den Lebewesen um mich herum in Kontakt treten zu können. Jeder Baum, jeder Strauch hatte mir etwas zu sagen und sie hörten mir zu. Mit Tieren war diese Verbindung ebenso stark und selbstverständlich auch mit Menschen. Es folgte Begeisterung aus dieser Erkenntnis, die mein eigenes Umfeld allerdings nicht ohne Argwohn beobachtete. Ich suchte, wie viele junge Menschen, nach einem Weg, mir diese Begeisterung zu erhalten und auch danach, sie in meinem Leben auszudrücken. Dabei hatte ich nie den Wunsch, Leiden zu mindern oder zu missionieren, ich wollte nur gern »das Licht anmachen« für all jene, die die Faszination der Schöpfung nicht sehen konnten.

Diese erste Suche führte mich zum Studium der evangelischen Theologie. Ich bin heute sehr dankbar für alle Lehrer und Professoren, die mir begegneten und mir immer wieder wichtige Impulse gaben. Auch im Privaten suchte ich und dachte oft, meinen Weg gefunden zu haben. Doch meist musste ich erkennen, dass die Reise und das Wachstum weiter gingen, als ich mir vorstellen konnte.

Die Seele, für mich Trägerin der Schöpfungsgeheimnisse, war in meinen jungen Jahren für mich das Geheimnis und ich blieb in der Verbindung mit anderem Leben. Ich suchte den Zugang zu der Kraft, die Paolo Coelho die »Weltenseele« nennt und begann, Zeichen zu deuten. Von nun an, während meiner Zeit der psychologischen Ausbildung, mehrten sich die magischen Zeichen. Spirituelle Lehrer und Lehrerinnen begegneten mir und ich arbeitete mit ihnen. Es begann mit dem Tarot und entwickelte sich schnell über die Energiearbeit weiter.

Inzwischen wusste ich viel, Theologie und Psychologie waren mir vertraut. Mein Diplom habe ich zu einem Psychosomatischen Thema abgelegt, mit einem sehr guten Ergebnis, doch je mehr Wissen ich anhäufte, umso klarer wurde mir, dass Weisheit etwas anderes sein musste. Ich hatte fünf Fremdsprachen gelernt und suchte noch immer nach der Sprache der Seele. Ich hatte Entspannungstechniken erlernt und suchte nach der Ruhe der Seele. Ich konnte als Kommunikationstrainerin und psychologische Beraterin vielen Menschen Impulse geben und kann das noch heute, doch an einem bestimmten Punkt in meinem Leben wurde mir klar, dass ich all die magischen Handlungen und Praktiken unter einen speziellen Stern stellen wollte. Ich entschied mich für »Verbundenheit«. In einer Welt, in der alles getrennt wird und wir Unterschiede suchen, ohne müde zu werden, wollte ich Verbundenheit entdecken. Was suchen Menschen, wenn sie traurig und rastlos sind, obwohl die Kühlschränke voll sind? Warum sind wir äußerlich reich und fühlen uns arm? Die Verbundenheit zur eigenen Seele, nicht die Erinnerung an meine Vergangenheit, sondern der Kontakt zum Ursprung war es, was ich mit Hilfe der Zeichen suchen wollte, die sich mir offenbaren sollten. Viele Zeichen habe ich seitdem falsch gedeutet, immer wieder hat meine gut geschulte Ratio mich auf Irrwege geführt, doch genauso oft habe ich richtige Schritte gemacht. Heute weiß ich, dass nicht Wissen oder Besitz, nichts, was die Ratio beeindruckt, glücklich machen kann. Nur das Gefühl von Einssein – Heil sein, verbunden sein mit dem Ursprung und mit sich selbst kann mir Glück bedeuten.

Deshalb habe ich das Heilwissen der weisen Frauen und das Seelenwissen geschrieben. Als drittes Buch in dieser Reihe kam für mich nichts anderes in Frage als das vorliegende. Ich bin überzeugt, dass die Verbindung zwischen Mann und Frau ein Schlüssel zum Frieden ist, in sich selbst und auch weitergehend. Beide Energien in sich zu fühlen und dann auch noch in einer Beziehung zu leben, in der tiefer Friede und Verbundenheit herrschen, ist für mich die Summe aller Magie. Dieses Gefühl ermöglicht, die Umgebung so zu sehen, wie sie ist, nämlich als Ausdruck unserer eigenen inneren Zustände. Mit dieser Erkenntnis habe ich begonnen, magische Praktiken aus allen Kulturen zu sammeln. Heute bin ich auf die europäische Spiritualität beschränkt, weil hier meine Wurzeln liegen und ich jede Minute mit der Suche nach Zeichen verbringen kann. Mit dem Liebeswissen in meiner Seele gehe ich nun weiter und bemühe mich, die gefundene alte Weisheit in dieser Zeit, in dieser Welt zu leben.

Wer diesen Weg mit mir gehen möchte, möge sich gern über meine Hexenseite www.hexenvonheute.de an mich wenden.

Stefanie Glaschke

Stefanie Glaschke
Das Heilwissen der weisen Frauen
160 Seiten, Broschur
ISBN 978-3-7831-9038-0

Welche Mittel und Praktiken setzen die Menschen ein, die vor Jahrhunderten in Europa als Heiler, Hexen, Kräuterweiber oder Wehfrauen bekannt waren? Was können wir modernen Menschen heute noch verwenden, was hält der kritischen Betrachtung stand? Wie magisch ist die Heilkunst der weisen Frauen wirklich? Können normale Menschen erfolgreich Rituale feiern? Das Buch beantwortet diese Fragen und gibt zudem konkrete Anleitungen zur praktischen Umsetzung im Alltag: Kräuterheilkunde, Heilsteinkunde, Öle, Spagyrik und Rituale werden ausführlich und auf verschiedene Symptome bezogen dargestellt.

www.luechow-verlag.de